南京文化概览

卢海鸣 著

南京出版社

图书在版编目（CIP）数据

南京文化概览 / 卢海鸣著. -- 南京 : 南京出版社,
2022.1
（南京地方文化专辑）
ISBN 978-7-5533-3601-5

Ⅰ. ①南… Ⅱ. ①卢… Ⅲ. ①地方文化－文化史－南
京 Ⅳ. ①K295.31

中国版本图书馆CIP数据核字（2021）第275344号

封面用图　［梁］萧绎《职贡图》（局部）

书　　名　南京文化概览
作　　者　卢海鸣
出版发行　南京出版传媒集团
　　　　　　南 京 出 版 社
社址：南京市太平门街53号　　邮编：210016
网址：http://www.njcbs.cn　　电子信箱：njcbs1988@163.com
联系电话：025-83283893、83283864（营销）　025-83112257（编务）

出 版 人　项晓宁
出 品 人　卢海鸣
责任编辑　张　龙
装帧设计　赵海玥
责任印制　杨福彬

制　　版　南京新华丰制版有限公司
印　　刷　南京工大印务有限公司
开　　本　787毫米×1092毫米　1/32
印　　张　24.875
总 字 数　335千
版　　次　2022年1月第1版
印　　次　2022年1月第1次印刷
书　　号　ISBN 978-7-5533-3601-5
总 定 价　120.00元（全五册）

用微信或京东
APP扫码购书

用淘宝APP
扫码购书

目录

前言

南京地处“龙盘虎踞”之地，是我国著名的“四大古都”和历史文化名城之一，有50万年人类史、约2500年建城史。历史上，孙吴、东晋和南朝的刘宋、萧齐、梁、陈，先后以南京（孙吴时称建业，东晋南朝称建康）为都，史称“六朝古都”；此后，南唐、明、太平天国、中华民国也相继在南京定都，因而南京又有“十朝都会”的美誉。据史念海先生统计，南京作为古都，前后定都时间共计约450年，仅次于西安（1077年）、北京（903年）和洛阳（885年），名列中国古都排行榜的第四位。[1]在定都南京的十个王朝和政权中，六朝、南唐和

① 史念海：《中国古都与文化》，中华书局1998年版，第136—138页。

太平天国属于地区性的政权，明朝和民国属于全国性的政权。南京在不同的历史时期扮演过政治中心、军事重镇、商业都会、交流重地、时尚之都、天下文枢等多重角色，其中，文化是南京这座城市的底色和灵魂。民国年间中央大学教授、南京通志馆馆长卢前评价道："南京，我们与其说它是经济的名都，无宁说是政治的都城，与其说是政治的名城，无宁说是文化的名都。不仅是中国的文化城、东方的文化城，也是世界上少有的文化名城之一。"①

南京在建都的近450年时间里，因其"金陵帝王州"的至高无上地位，往往是中华文明的中心。如六朝、南唐尽管是定都南京的地区性政权，然则在历史的大动荡时期，义无反顾地荷载起传薪播火、救亡图存的重任。六朝的思想、宗教、文学、艺术、史学、教育、科技超迈前人；南唐的诗词、

---

①［民国］卢前：《南京对世界文化的贡献》，载卢前著、卢佶选编：《旧时淮水东边月》，商务印书馆2017年版，第164页。

书画独步天下。而明朝、民国作为定都南京的统一王朝，则义不容辞地肩负起积累文化、传播文化、创造文化的使命。明朝的思想、宗教、文学、艺术、史学、科技均达到了封建社会的新高度；民国的思想教育、文学艺术、城市规划、科学技术等等更多地展现了兼容并蓄、转型创新的特质。

然则南京不仅仅是作为都城而存在，在“非都”的近50万年时间里，南京因其“江南佳丽地”的独特江山形胜，首先受到南京直立人、溧水神仙洞智人，以及北阴阳营文化、点将台文化和湖熟文化先民们的垂青。从春秋战国开始，南京或为地方小邑，或为王侯封国，或为帝国的行都、留都和陪都，或为龙兴之地，或为封疆大吏治所，往往是江南地区政治、经济、军事、文化、科技或对外交流中心，如战国时期金陵邑、秦汉秣陵县、汉代秣陵侯国和湖熟侯国、北宋江宁府、南宋建康府、元代集庆路、清代江宁府等。清代文人余怀《板桥杂记》所言“衣冠文物，胜于江南；文采风流，甲于海内”，可谓是对历史上南京文化地位的真实写照。

时至今日，南京文化已经发展成为一门独特的文化，以南京文化为核心的“南京学”研究方兴未艾。下面，就让我们共同领略南京文化的魅力吧。

第一章　南京文化诞生的土壤

关于文化，历来有不同的定义。一般而言，文化可以分为物质文化（或称器物文化）、制度文化和精神文化（或称观念文化）。有人形象地把它的结构比喻成一个鸡蛋，由里到外依次是蛋黄、蛋白和蛋壳三个层次。相对应的，最里层的是精神文化，中间层是制度文化，最外层是物质文化。其中精神文化是最深层、最稳定的文化传统和精神力量。精神文化的成果集中体现在思想、宗教、文学、艺术、史学、教育、科技、民俗等方面。

本文所讲的南京文化，聚焦精神文化的成果，地理范围以今天的南京明城墙围合的主城区为核心，以跨越江南江北的南京市辖行政区为重点，兼顾历史时期的南京辖境。

第一节　自然地理

南京地理坐标为北纬 31° 14′ —32° 37′，东经 118° 22′ —119° 14′。从全球视野来讲，它处在北纬 30° 穿越的世界四大文明古国轴线范围内，属于亚热带季风气候，四季分明，气候温润，土壤肥沃，河湖密布，雨量丰沛，物产丰富。从全国视角来看，南京坐落在我国东南地区，位于长江下游中部，襟江带湖，东连富饶的长江三角洲，

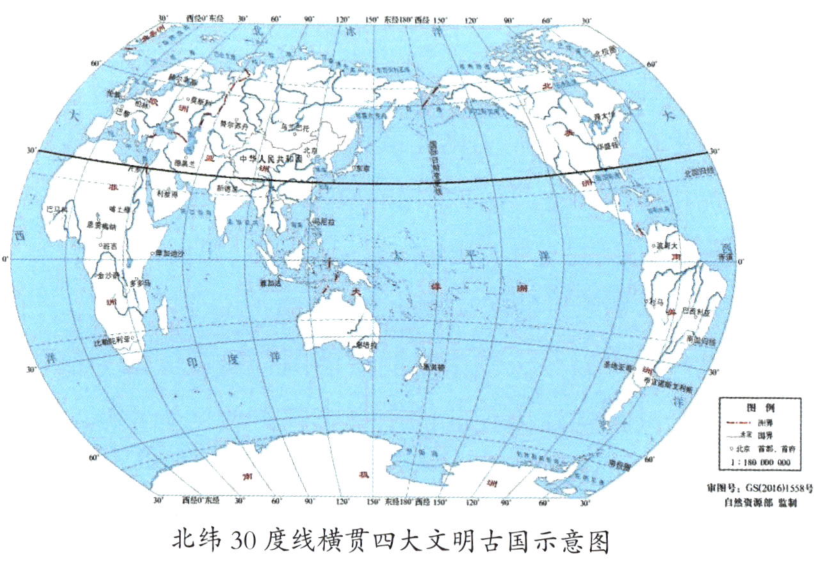

北纬 30 度线横贯四大文明古国示意图

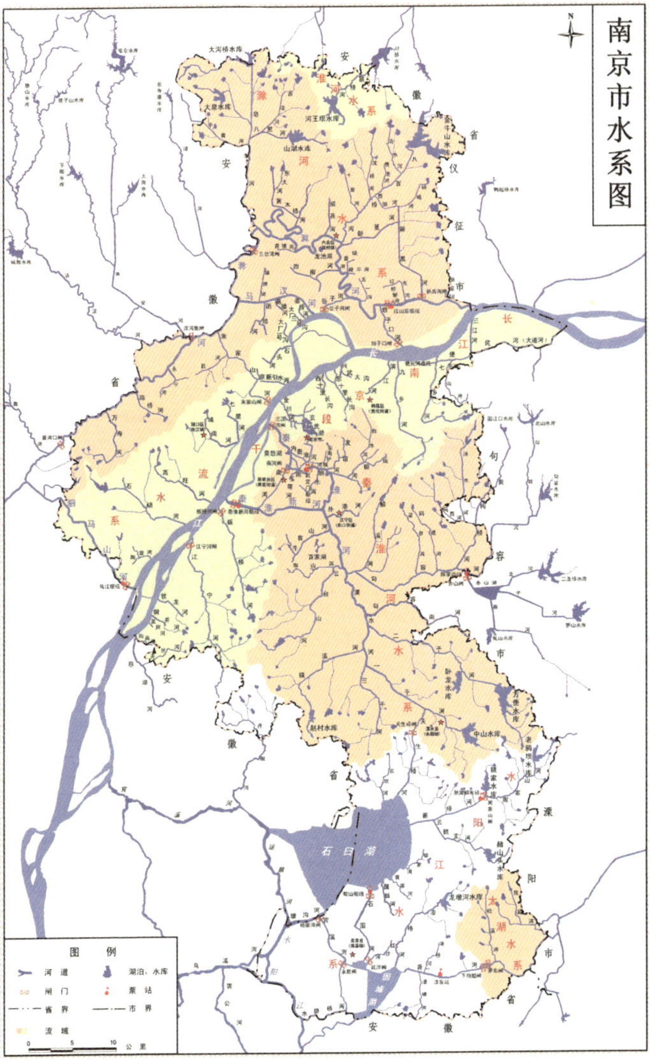

南京市水系图（《南京水利志》）

西靠皖南丘陵，南接太湖水网，北邻辽阔的江淮平原。南京的辖区跨越淮河、滁河、长江干流、秦淮河、水阳江和太湖六大水系，既有秦淮河、滁河、胥河等舟楫之利，又有“黄金水道”长江沟通内外。独特的地理区位优势，使得南京在我国历史发展的长河中，脱颖而出，成为长江流域跨江城市的杰出代表，也是我国唯一跨越江南、江北的古都。①

历史上的南京，以 35.267 公里长的明城墙围合的范围为核心。从自然地理角度来看，南京城的中心是一片“宽平宏衍之区”，东面以钟山为代表的一系列山脉宛若巨龙蟠伏；西面以石头山（今清凉山、国防园一带）为代表的一系列山脉宛如猛虎蹲踞；北面覆舟山（今小九华山）和鸡笼山连成天然的屏障；南面有秦淮河蜿蜒流淌，隔水近处聚宝山（今雨花台）宛如几案陈列在眼前，远处牛首山恰似天阙双峰峙立。如此的山水形胜

---

① 卢海鸣、邢虹：《南京：中国唯一跨越江南江北的古都》，《南京日报》2020 年 5 月 22 日“风雅秦淮”版。

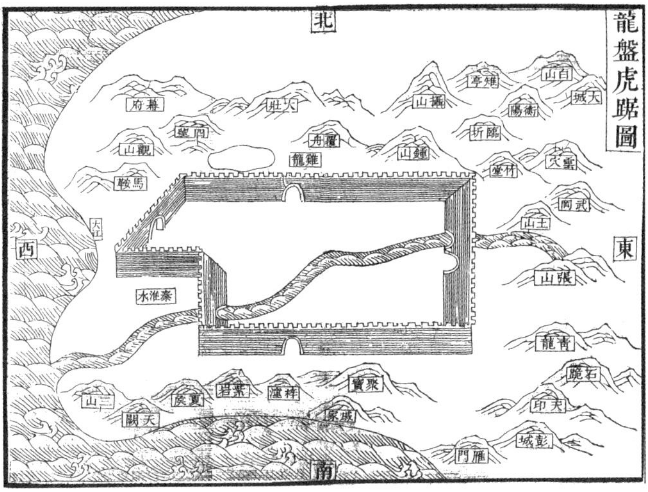

龙盘虎踞图（宋朝周应合《景定建康志》）

境内诸山图（明朝陈沂《金陵古今图考》）

之地，无疑是历代帝王建都的首选之地。诚如三国蜀汉政治家诸葛亮所言“钟山龙盘，石头虎踞，此乃帝王之宅也”[①]。从军事角度来看，南京主城区三面环山，一面临水，地势险要，易守难攻，尤其是南京城西北奔腾而过的浩瀚长江，江面宽阔，水流湍急，在冷兵器时代形成一道难以逾越的“天堑”。孙中山先生在《建国方略》中赞美道：“南京为中国古都，在北京之前，而其位置乃在一美善之地区。其地有高山，有深水，有平原，此三种天工，钟毓一处，在世界中之大都市诚难觅如此佳境也。”[②]

南京独特的自然地理环境，有利于不同地域之间的交流，从而使它成为吴越文化与荆楚文化、海派文化与内陆文化、北方文化与南方文化、运河文化与长江文化的交汇点，不同的文化在这里碰撞激荡，形成了富有特色的南京文化。

---

①[唐]许嵩撰，张忱石点校：《建康实录》，中华书局1986年版，第38页。

②孙文著，刘明、沈潜评注：《建国方略》，中州古籍出版社1998年版，第204页。

第二节 建置区划

历史上的南京，地域范围变动不居，行政建置更替频繁。

春秋时期（公元前770—前476），南京地处“吴头楚尾”之地，吴国在江南建固城（又名濑渚邑）和冶城，楚国在江北设棠邑，标志着南京进入具有行政建置的“邑制”时代。

战国时期（前475—前221），南京地区先后涌现出越城和金陵邑两座城池，前者系越国修筑，

吴越楚地图（明朝陈沂《金陵古今图考》）

后者系楚国构建。

秦代实行郡县制。在南京地区设置棠邑、江乘、秣陵、丹阳、溧阳5县，其中棠邑隶属于九江郡，江乘、秣陵、丹阳、溧阳隶属于鄣郡。

汉代实行州、郡、县三级制行政建置，在地方上，郡县制与分封制（又叫封邑制）并行，相互之间犬牙交错，互相制约。汉代的南京地区属于扬州辖境，设有棠邑（堂邑）、江乘、秣陵、丹阳、溧阳和湖熟6县，棠邑先后隶属于临淮郡、广陵郡，其他5县隶属于丹阳郡；同时，汉代还

秦秣陵县图（明朝陈沂《金陵古今图考》）

分别在棠邑、秣陵、丹阳、溧阳和湖熟设立了5个侯国。自东汉末年起，扬州刺史治所、丹阳郡治所分别迁到南京，一直延续到唐朝初年。汉末扬州刺史管辖的范围大致涵盖了江苏南部、安徽南部、江西、浙江、上海、福建等地，丹阳郡领有江乘、秣陵、丹阳、句容、溧阳、湖熟等19县。

公元220年，曹丕在洛阳称帝，建立魏国；221年，刘备在成都称帝，建立汉国；公元229年初夏，孙权在武昌（今湖北鄂州）称帝，建立吴国，标志着三国鼎立局面正式形成。同年秋九月，

汉丹阳郡图（明朝陈沂《金陵古今图考》）

孙吴都建业图（明朝陈沂《金陵古今图考》）

吴大帝孙权迁都建业（今南京），在今天的南京主城区建城，南京从此由默默无闻的江南小邑发展成为一座举足轻重的江南都城。

西晋太康元年（280），晋武帝司马炎灭吴，统一中国，对吴国都城建业采取了一系列抑制措施。首先是废建业之名，更名为秣陵，降格为一座县级城市。其次，采取分而治之的策略。太康元年，分秣陵县设置临江县，次年改称江宁县；太康三年，又以秦淮河为界，将秣陵县分为建邺

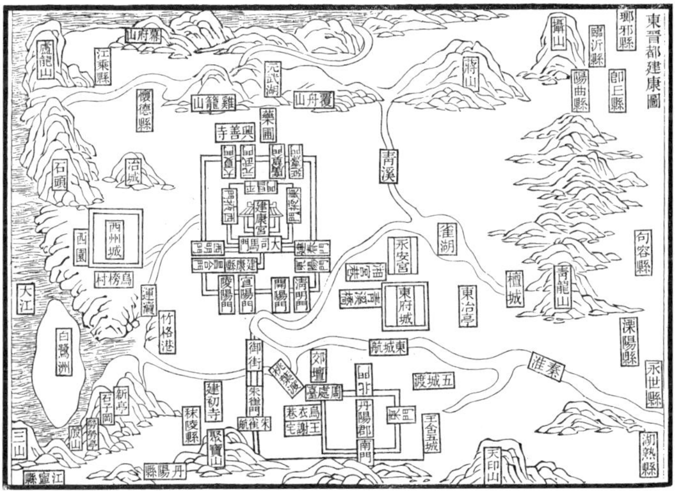

东晋都建康图（明朝陈沂《金陵古今图考》）

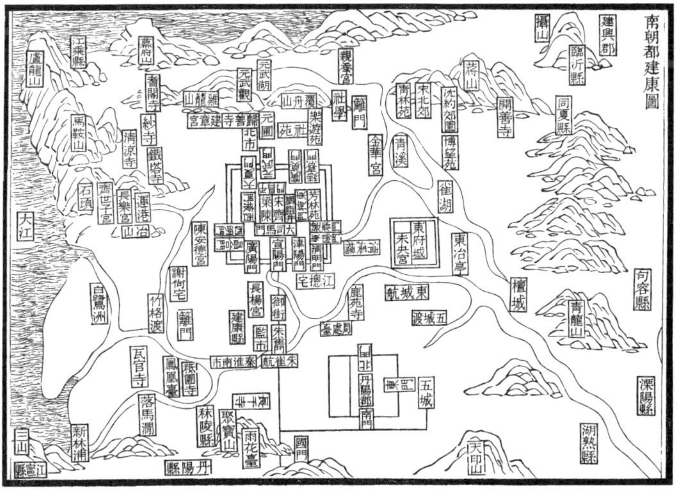

南朝都建康图（明朝陈沂《金陵古今图考》）

和秣陵两个县。江宁、秣陵、建邺三县均隶属于丹阳郡。自东晋至唐，丹阳郡有分有合，皆隶属于扬州，南朝宋、齐、梁、陈因之不改。

东晋建武元年（317），琅邪王司马睿在王导、王敦的扶持下，在建康（今南京）建立东晋政权。此后，宋、齐、梁、陈四个政权相继以建康为都城，史称南朝。东晋南朝时期，建康与秣陵、丹阳、江宁、永世、溧阳、湖熟、句容8县同属于扬州八郡之一的丹阳郡管辖。①

隋开皇九年（589），隋文帝杨坚灭陈，统一中国，将“建康城邑宫室，并平荡耕垦，更于石头置蒋州”②，建康城垣宫殿被夷为平地。大业三年（607），撤蒋州置丹阳郡。蒋州和丹阳郡仅辖江宁、当涂、溧水三县。

唐朝时期，南京既做过扬州、蒋州、江宁郡、昇州的治所，又做过丹阳、归化、金陵、白下、江宁、

---

①《南齐书》卷14《州郡志上》，中华书局1972年版，第245页。

②《资治通鉴》卷177，隋文帝开皇九年，中华书局1955年版，第5516页。

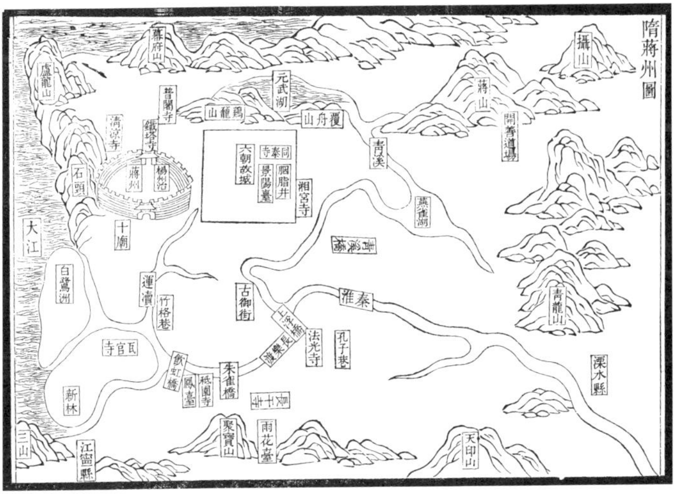

隋蒋州图（明朝陈沂《金陵古今图考》）

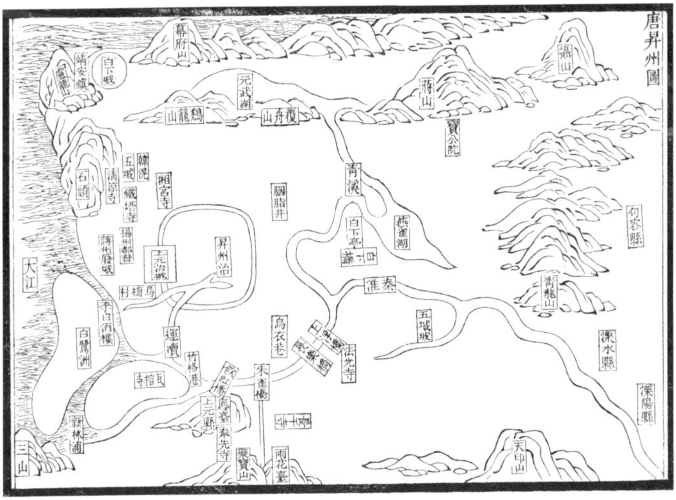

唐昇州图（明朝陈沂《金陵古今图考》）

上元县的治所，在大多数时间里，隶属于浙江西道润州（今镇江）。唐肃宗乾元元年（758），改江宁县置昇州，领有上元、句容、溧水、溧阳四县。唐昭宗大顺元年（890），复改上元为昇州，仍领上元、句容、溧水、溧阳四县。①

五代十国时期，唐天祐十四年（917 年，此时离唐王朝 907 年灭亡已经过去 10 年，以扬州为中心的杨吴政权仍在使用唐昭宗天祐年号），杨吴权臣徐温坐镇昇州，将昇州升格为大都督府，遥控杨吴政权；同时，在原有上元、句容、溧水、溧阳四县的基础上，分上元县西南 19 乡和当涂县北 2 乡新置江宁县，并以秦淮河（今内秦淮河）为界，秦淮河北为上元，秦淮河南为江宁，从此上元与江宁同城而治近千年。②吴武义二年（920），改昇州大都督府为金陵府，后来又立为西都。吴天祚三年（937），南唐先主李昪取代杨吴，自立

①《新唐书》卷 41《地理志五·江南道·昇州》，中华书局 1975 年版，第 1057 页。

②卢海鸣著：《南京历代名号》，南京出版社 2018 年第 2 版，第 92 页。

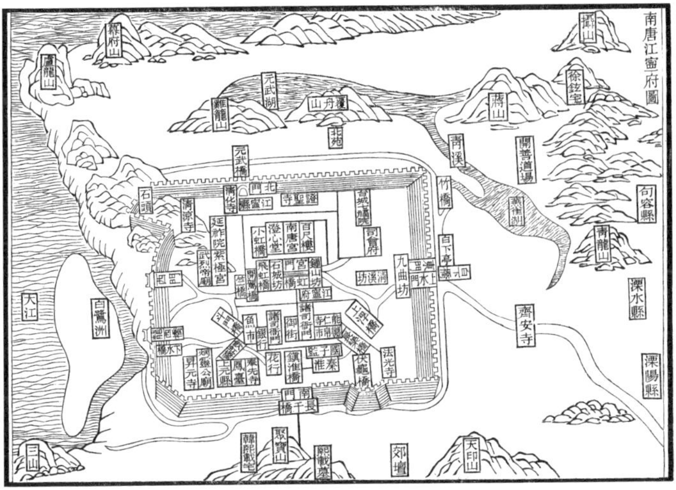

南唐江宁府图（明朝陈沂《金陵古今图考》）

为帝，以金陵府为都城，改金陵府为江宁府，下辖上元、江宁、句容、溧水、溧阳、广德、芜湖、铜陵、繁昌、青阳等县；江北的六合县一度划归江宁府，形成跨江而治的局面。[①] 然而，好景不长，南唐中主李璟时期，因战争失利，江北十四州之地被迫割让给后周，江宁府的统辖范围退缩到长江以南。

① 薛政超著：《五代金陵史研究》，中央编译出版社 2011 年版，第 33 页。

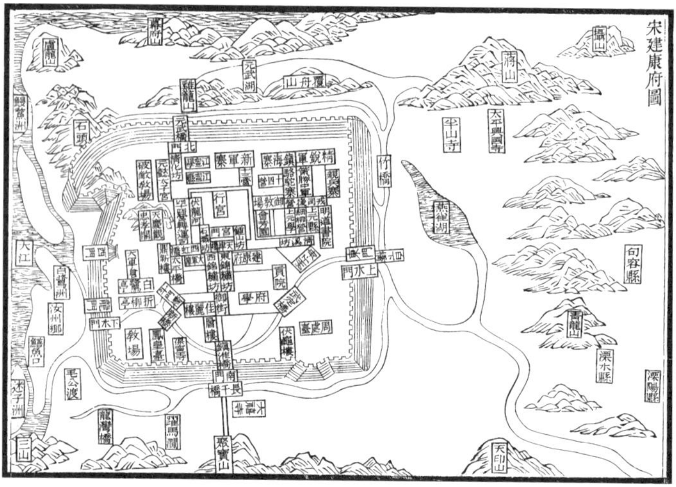

宋建康府图（明朝陈沂《金陵古今图考》）

北宋时期，先后在南京设昇州、江宁府，隶属于江南东路，下辖上元、江宁、句容、溧水、溧阳五县。其间，因宋仁宗赵祯为皇太子时被封为昇王，所以昇州又有昇国之名。北宋亡于金人后，宋室南渡，史称南宋。南宋改江宁府为建康府，以其为行都，又称留都、陪都。

元至元十三年（1276），元军占领建康府城，次年，将建康宣抚司改为建康路总管府，统辖在城录事司（管理建康城内事务），以及上元、江宁、句容三县和溧水、溧阳二州。集庆路隶属于江浙

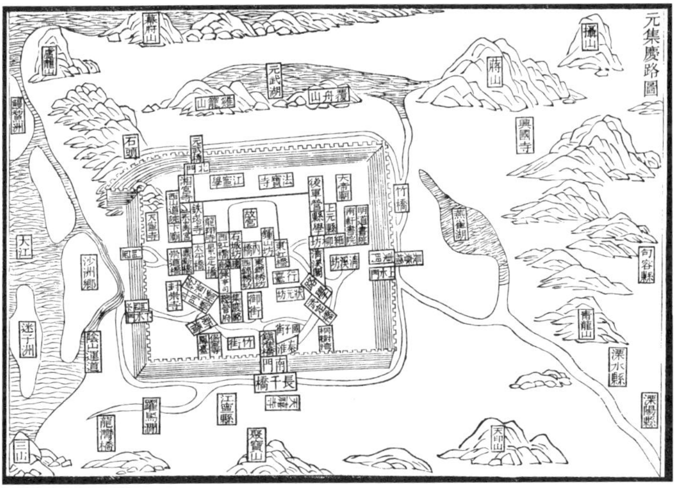

元集庆路图（明朝陈沂《金陵古今图考》）

行省。元文宗天历二年（1329），因建康路曾经是他做怀王时的流寓地，于是改建康路为集庆路以示纪念，辖境未变。

洪武元年（1368），朱元璋在应天府称帝，国号大明，升应天府为南京。明朝南京（又称南直隶、南畿）统辖应天、凤阳、淮安、扬州、苏州、松江、常州、镇江、庐州、安庆、太平、宁国、池州、徽州 14 府，以及徐州、滁州、和州、广德 4 直隶州，属下有 17 州、97 县。其中应天府辖江南的上元、江宁、句容、溧水、溧阳、高淳六县

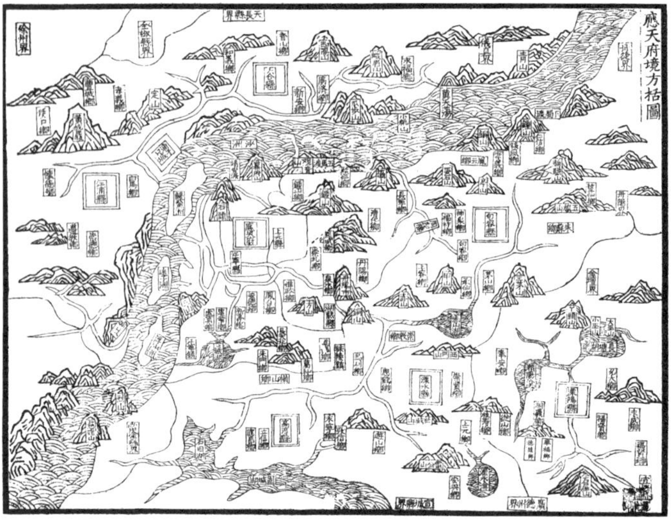

应天府境方位括图（明朝陈沂《金陵古今图考》）

和江北的江浦、六合二县。这一变化标志着南京市的辖区范围永久性地跨过长江。

清世祖顺治二年（1645），改南京（南直隶）为江南省（康熙年间又分为江苏、安徽两省），改应天府为江宁府。康熙年间管辖范围仍然为八个县。乾隆年间，将溧阳划给镇江府，江宁府统辖上元、江宁、句容、溧水、江浦、六合、高淳七县，依然跨江而治。

民国元年（1912）1月1日，孙中山在江宁府

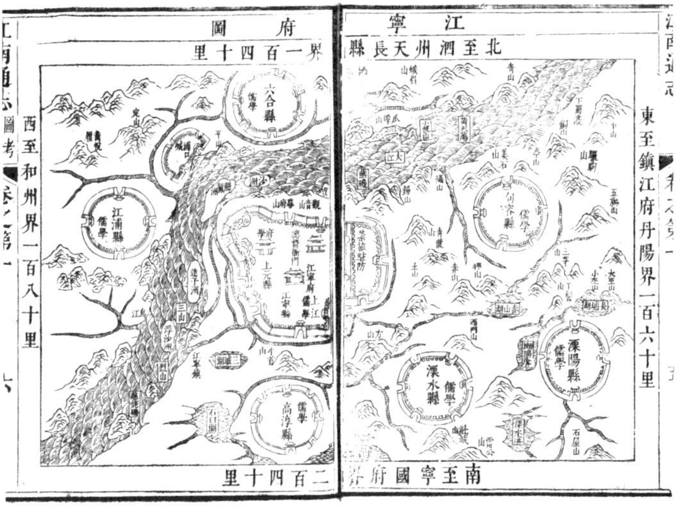

江宁府图（于成龙、王新命等修：《康熙江南通志》）

城（今南京）建立中华民国临时政府，废除上元、江宁两县，设置南京府。同年 3 月 10 日，袁世凯在北京继任临时大总统后，宣布迁都北京，次年，撤南京府，置江宁县，为江苏省行政公署（省会）所在地。民国三年（1914），袁世凯在江苏省下设立金陵道、沪海道、苏常道、淮扬道、徐海道 5 道，其中金陵道下辖江宁、句容、溧水、高淳、江浦、六合、丹徒、丹阳、溧阳、金坛和扬中 11 县。民国十六年（1927）4 月，蒋介石国民政府定都南京

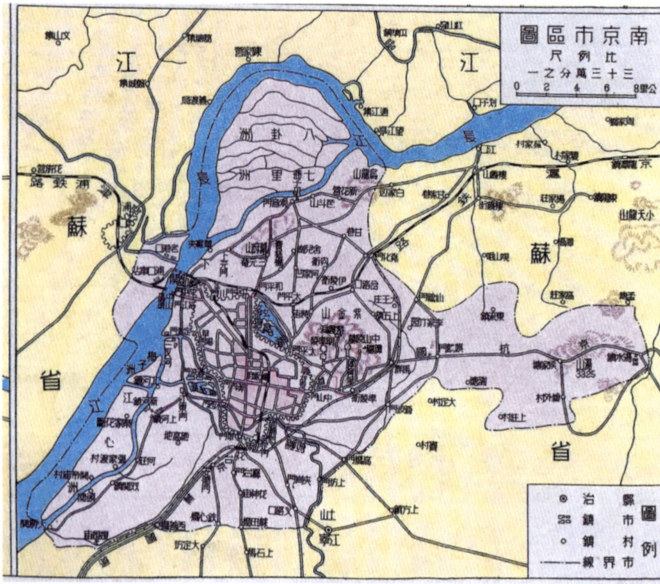

1949 年《南京市街道详图》局部
（亚光舆地学社出版、中国史地图表编撰社，马宗亮绘）

后，废除金陵道，改江宁县为南京特别市，同时，析出南京市郊区设立江宁县，南京成为直辖市一级行政区。其间 1929 年 4 月至 1930 年 5 月，南京一度更名首都市。

1949 年 4 月 23 日南京解放后，仍为直辖市建制，由华东军政委员会领导。1952 年 12 月改为省辖市、江苏省省会。1983 年实行市管县体制，南

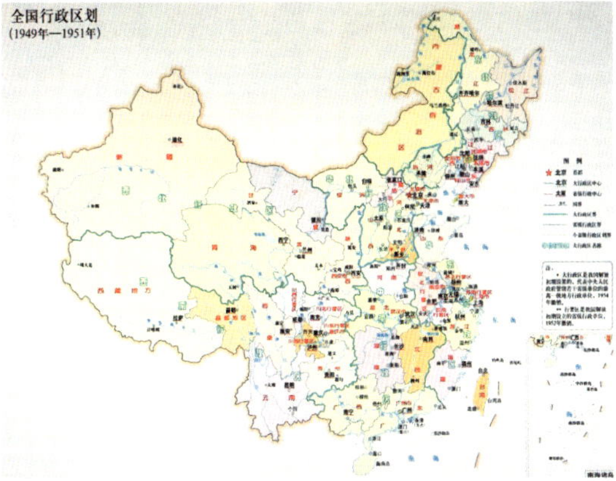

全国行政区划图（1949—1951 年）

京市下辖玄武、白下、秦淮、建邺、鼓楼、下关6城区，雨花台、栖霞、浦口、大厂4郊区和江宁、江浦、六合、溧水、高淳5县。

今天的南京，地域范围有广义和狭义之分。广义的南京，是指今天的南京行政区划范围，即玄武区、鼓楼区、秦

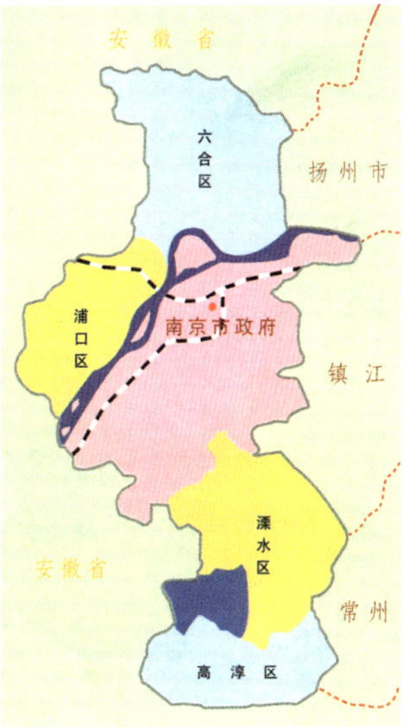

南京行政区划略图

淮区、建邺区、浦口区、六合区、栖霞区、雨花台区、江宁区、溧水区、高淳区11个市辖区（含江北新区），总面积6597平方公里；狭义的南京，指的是明城墙围合的今天南京的主城区，面积将近60平方公里。

在历史上，南京或为一国之都，或为州治、郡治、府治和县治所在，政治地位载浮载沉，地域范围也因之变化频繁。行政管辖范围最大的时期是东晋南朝，南京作为扬州刺史治所所在地，管辖范围涵盖了今天的江苏、安徽、江西、浙江、上海和福建等省；管辖范围最小的时候是“邑制”时代的楚国棠邑、金陵邑和吴国濑渚邑。在漫长的历史演变过程中，南京由军事城堡、地方小邑、王侯封国，发展到偏安江南的六朝都城，再发展成为跨江而治的大一统王朝明朝的都城，最终形成今天跨越长江南北的山水城林融为一体的现代化大都市。南京地域范围的盈缩变迁，造就了这座城市既不因循守旧而又随遇而安、既不画地为牢而又顺势而为的个性，而南京文化的多元性正是这片沃土上绽放的绚丽之花。

第二章　南京文化的发展阶段

南京承东启西、南北交汇、通江达海，各种文化在这里交流、交融和交锋。不同的时代，形成了各具特色的文化。千百年来，南京文化经历了由江南地域文化向跨江多元文化的发展过程，成为中华文化的一个重要组成部分。

第一节　史前至商代：南京文化的发轫期

南京地区自然环境优越，适宜人类生存繁衍，至今遗留有众多的古人类和古文化遗址。

1993 年，在南京东郊汤山镇雷公山葫芦洞出土了 2 件猿人头骨化石和 1 枚牙齿化石，同时还出土了 2000 余件伴生脊椎动物化石，专家们通过对头骨化石的年代测定，确定其生活时代与“北

汤山猿人活动地——雷公洞外景

南京直立人头盖骨化石

京人”相当，并将其定名为“南京人”（又名“南京直立人”）。“南京人”的发现，将南京地区有人类活动的历史推进到距今 50 万年前。

从距今 50 万年到距今 1 万年，我们的祖先经过漫长时间的繁衍生息，凭借着坚忍不拔的精神、不畏艰难的勇气和出色的聪明才智，由猿人进化成智人。自 20 世纪 80 年代开始至 2000 年前后，考古工作者通过考古调查和发掘，在浦口沿江地带、高淳水阳江一带、东部茅山—宜溧地区均发现了距今 10 万年前的旧石器时代早期遗存。1977 年，在溧水县白马公社回峰山神仙洞发现 1 件人类头骨化石及 19 种伴生动物化石，同时出土的距今 1.1 万年前的陶片说明先民们已经开始制作陶器。①

自距今 6000 年左右开始，先民们在南京地区的大江南北建立了许多原始聚落，南京进入“聚

① 鞠魁祥：《江苏溧水神仙洞的发掘和研究——中华文明史应追溯到万年前》，《火山地质与矿产》2001 年第 22 卷第 3 号，第 4—7 页。

落时代”。聚落时代的南京先民创造了具有鲜明地域特色的文化。其先后发展序列为：以南京北阴阳营遗址第四层为代表的新石器时代文化（公元前 4000 年）——相当于中原地区夏代的江宁点将台文化（前 2000—前 1600）——相当于商代的

鼓楼西北的北阴阳营遗址及考古发掘现场
（《北阴阳营——新石器时代及商周时期遗址发掘报告》）

江宁湖熟文化（前1700—前1000）。这一文化序列延续数千年，一脉相承，绵延不绝。在南京地区范围内，有关这一序列的古文化遗址就有200余处。

这些古文化遗址一般多位于台形高地上，濒水而立，并以长江南岸的秦淮河、金川河（包括玄武湖）、古丹阳河（胥河）和长江北岸的滁河这四大古河流水系为纲，形成各自的分布区域。

秦淮河水系的古文化遗址有江宁区老鼠墩遗址、橙子墩遗址、磨盘山遗址、神墩遗址、前岗遗址、梁台遗址、船墩遗址、昝缪遗址、太岗寺遗址，雨花台区窨子山遗址，栖霞区桦墅村（原属江宁区汤山）点将台遗址，以及溧水区溧水中学遗址、螺蛳滩遗址、青龙桥遗址等；金川河水系的古文化遗址有北阴阳营遗址、锁金村遗址、安怀村遗址等；古丹阳河（胥河）水系的古文化遗址有高淳区薛城遗址、朝墩头遗址、富家山遗址等；滁河水系的古文化遗址有六合区羊角山遗址、平顶山遗址，浦口区营盘山遗址、杨山遗址、大古堆遗址、曹王塍子遗址、蒋塍子遗址、牛头岗遗址等。

浦口营盘山遗址

浦口营盘山遗址出土的陶质人头像

在北阴阳营文化早期和点将台文化中，出土有石器、陶器、瓷器、玉器、蚌器、骨角器等，在湖熟文化中还出土了卜骨、卜甲、青铜器和文字符号，标志着南京文化进入青铜时代。

南京地区的众多古人类和古文化遗址，宛如“满天星辰”，在大江南北交相辉映，它们与江淮文化、徐海文化、太湖文化、

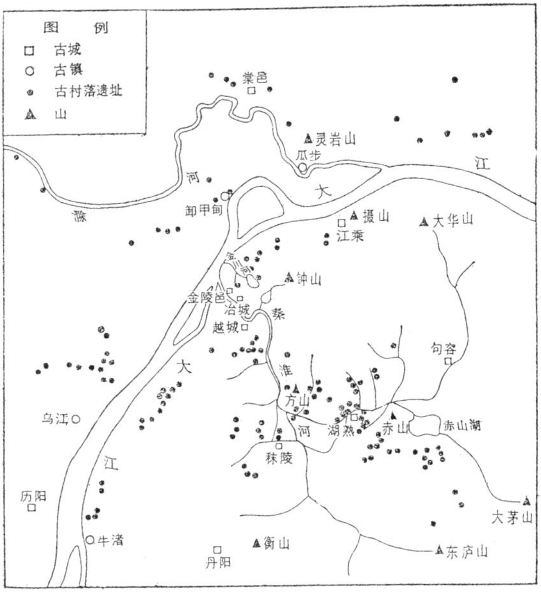

南京六朝以前古城和原始村落遗址图
（蒋赞初《南京史话》）

皖西文化相互交融，由此催生出可与中原诸国分庭抗礼的吴国及其文化，并为日后南京文化的形成和发展打下了良好的基础。

第二节　周代至两汉：南京文化的奠基期

大约在公元前 11 世纪的商代末期，周太王之

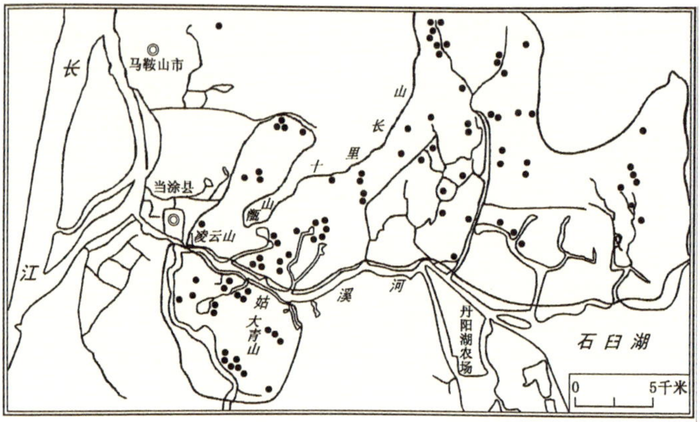

姑溪河流域吴文化遗址分布图

（张敏《吴越文化比较研究》）

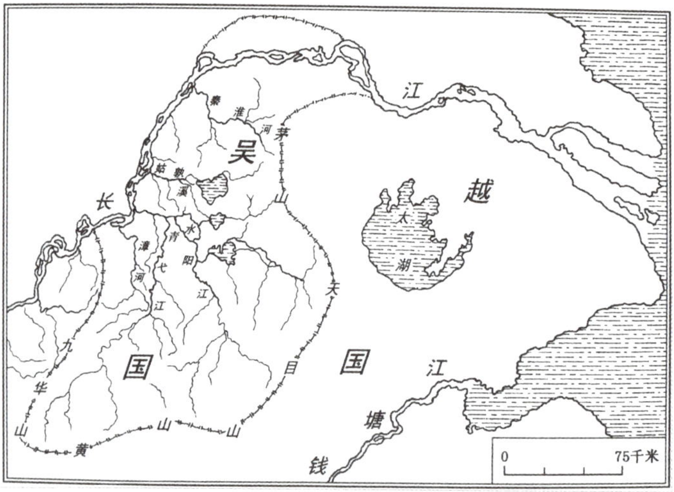

西周至春秋早期吴越地理位置示意图

（张敏《吴越文化比较研究》）

子太伯、仲雍奔吴，江南历史进入一个新的时代。在宁镇皖南地区，沿着秦淮河、水阳江、青弋江、姑溪河、慈湖河和长江，形成了众多的西周至春秋时期的聚落。南京博物院的考古工作者曾沿着宁镇山脉和秦淮河流域做了一次考古调查，发现吴国聚落遗址 127 处，连同以往调查发掘的达到 152 处。吴国的聚落可能既是生产单位，也是军事单位。[①]

大约在公元前 5 世纪的人类历史“轴心时代”[②]，也就是我国黄河流域的百家争鸣时代，地处长江下游的南京地区脱颖而出，诞生了人类文明的象征和标志物——城市[③]，阔步登上中国历史的舞台，南京由无城郭的“农业聚落”时代迈入

---

① 张敏：《吴越文化比较研究》，南京出版社 2018 年版，第 149—151 页。

② [德]卡尔·雅思贝尔斯著，柯锦华、范进译：《智慧之路》，中国国际广播出版社 2009 年版，第 5 页。

③ [美]刘易斯·芒福德著，宋俊岭、倪文彦译：《城市文化》“导言”：“总括而言，城市又成为人类文明的象征和标志——人类文明正是由一座座富有个性的具体城市构成。”中国建筑工业出版社 2005 年版，第 5 页。

有城垣的“邑制都市”时代。

一、春秋三城

春秋战国时期，周王室衰微，诸侯国势力日益强大。在南方地区，吴、越、楚相继崛起，称雄称霸。地处“吴头楚尾”之地的南京，因吴、越、楚三国之间彼此征伐，时而属于吴国的疆土，时而纳入越国的地盘，时而又成了楚国的领地。这一时期，在南京地区涌现出了三座城池：一座是位于长江北岸的棠邑，另两座是位于长江南岸的濑渚邑和冶城。

棠邑　楚国建立的棠邑是南京最早见于历史记载的城池，也是南京地区最早的“邑制城市”，坐落在今天的六合区境内滁河下游。棠邑兼具政治中心和军事堡垒双重性质。据《左传》记载，襄公十四年（周灵王十三年，前559）秋天，楚军进驻棠邑，讨伐吴国，因吴国按兵不动而退兵。楚平王在位时，伍子胥兄长伍尚被任命为“棠君”，成为南京历史上最早见于历史记载的地方行政长官。

濑渚邑　吴国建立的濑渚邑，坐落在今天高

固城遗址北部高地

淳区城东面约 10 公里处的固城街道固城村，南临固城湖和胥河（古丹阳河）。始建于周景王四年（前 541），系吴王馀眛创建，是吴国的都城，因“句吴”快读为“固”，故又名固城[1]，亦名平陵城。濑渚邑后来被楚国占领，故又名楚王城。经考古调查和勘探，固城内外两重，外城又称罗城，内城又称子城，统称子罗城。外城东西长约 1450 米，南

① 张敏：《吴越文化比较研究》，南京出版社 2018 年版，第 47 页。

固城遗址出土陶片

北宽约800米，周长约3915米；内城东西长196米，南北宽121米。城垣四面设门，内城中央有高台，疑为宫殿遗址。固城周围有140余座土墩墓，附近有湖熟文化—吴文化遗址分布。固城是南京历史上在长江以南建立的最早的一座政治、军事中心，南宋周应合《景定建康志》称："此城最古，在越城、楚邑之先。"[1]2013年，固城被公布为第七批全国重点文物保护单位。

冶城　冶城是春秋末年吴王夫差利用南京

①［宋］周应合纂：《景定建康志》卷20《城阙志一·古城郭》，南京出版社2009年版，第483页。

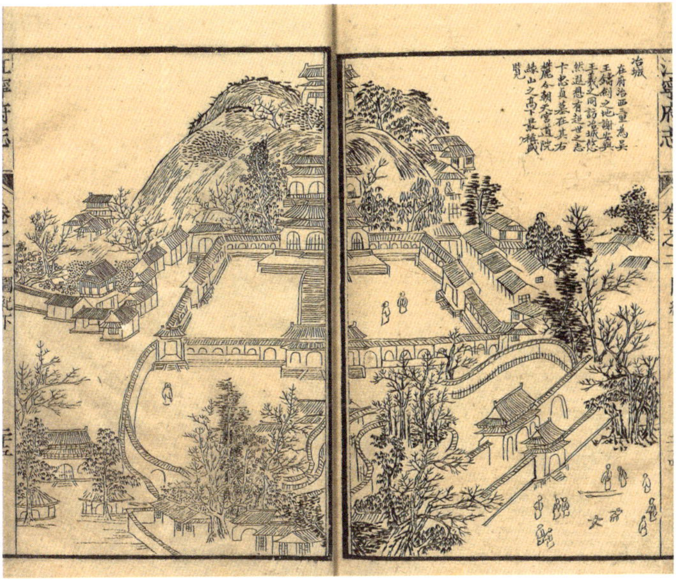

冶城（清高岑绘制《金陵四十景图》，
收入《康熙江宁府志》）

及其周边地区丰富的矿产资源，在今天南京主城区朝天宫建立的一座规模较大的冶铸作坊，史称冶城。

春秋时期的南京三城，虽然所处位置不同，功能有别，但可以看作是南京建城史的滥觞。

二、战国二城

战国时期（前 475—前 221），在长江以南的

范蠡

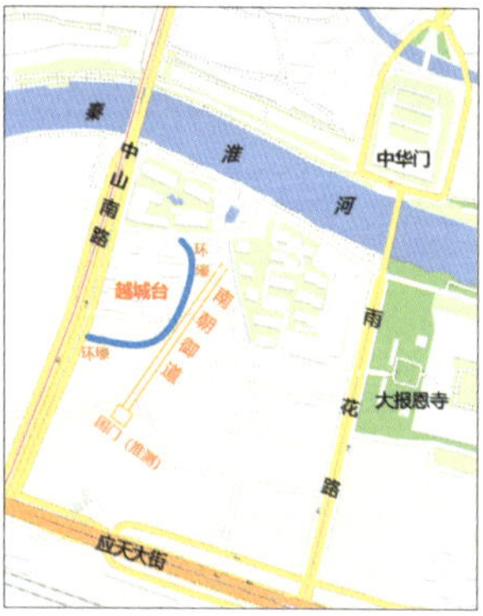

越城示意图
（颜一平提供）

南京地区又涌现出了两座城池：一座是位于秦淮河南岸的越城，另一座是位于秦淮河北岸石头山（今清凉山、国防园一带）上的金陵邑，两城均居于“临江控淮”的险要位置。

越城 东周元王三年（前473），越王勾践灭掉吴国后，为了防范楚国，次年，派遣大夫范蠡在南京城南长干里修建了一座军事堡垒，史称越城，又名长干城、范蠡城。越城周长“二里八十步”①，相当于1228.8米。因其紧邻南京主城区，所以自明

① ［宋］张敦颐：《六朝事迹编类》卷3《城阙门·越城》注引北宋《图经》，南京出版社2007年版，第50页。

朝陈沂《金陵古今图考》云“金陵有城邑，自此始也”之后，越城的建筑年代——公元前 472 年被学者们认为是南京建城史的发端。

金陵邑 东周显王三十五年（前 334）楚威王熊商击败越国后的第二年，在南京石头山（今清凉山和国防园一带）建立的一座城邑，取名金陵邑，隶属于江东郡。它与纯粹军事城堡性质的越城不同，是一座兼具行政管理功能的城堡。金陵邑的设置，标志着南京主城区设置行政区划的开始，也是南京称作金陵的源头。

清朝《南巡盛典》中的清凉山为金陵邑所在地

三、秦代五县

公元前 230 年，秦国发动征服六国的战争，到公元前 221 年，先后灭掉韩国、赵国、魏国、楚国、燕国和齐国。其中统治南京地区的楚国在公元前 224 年亡于秦，南京地区纳入中国历史上第一个大一统王朝秦朝的版图之中。秦灭六国统一中国后，推行郡县制，在今天的南京地区，秦国废除了金陵邑，在江北设置棠邑县，在江南设置秣陵县、江乘县、丹阳县、溧阳县，南京由“邑制都市时期”进入“县制都市时期”，[①] 处于多中心时代。

秦始皇（清代画本）

棠邑县 始皇二十六年（前 221），在棠邑城置棠邑县，成为六合建县之始。汉高祖六年（前 201），封陈婴为棠邑侯，棠邑成为南京地区的第一个侯国。汉武帝元鼎元年（前 116），撤棠邑侯

① ［日］斯波义信著，布和译：《中国都市史》，北京大学出版社 2013 年版，第 2-17 页。

国，恢复棠邑县，属临淮郡。东汉时改属广陵郡。三国时，仍属于广陵郡。东晋南朝时，棠邑县先后属于临淮郡、秦郡。

秣陵县　始皇三十七年（前210），秦始皇东巡会稽（今浙江绍兴），归途中，途经南京，听信方士之言，凿断金陵长垄以泄王气，同时，将金陵改名为秣陵，并将秣陵县治所设置在今天秦淮河中游的秣陵街道，隶属于鄣郡管辖。西汉时期，秣陵改属丹阳郡，汉武帝分封江都王子刘缠为秣陵侯，秣陵县成为侯国。东汉复为县。孙权自京口徙治秣陵，改名建业。此后汉朝400余年间，秣陵县治所一直未变。

江乘县　公元前210年，秦始皇东巡，由江乘渡江北返。江乘县隶属于会稽郡，治所在今栖霞区西岗街道西湖村。王莽篡汉建立新朝政权后，一度将江乘县改名为相武县。孙吴时期，撤江乘、湖熟、溧阳县，设典农都尉，进行屯田。西晋武帝灭吴后，复置江乘县，隶属丹阳郡。东晋成帝咸康元年（335），分江乘县西境设置临沂县，隶属琅邪郡。陈亡后，江乘县废置。

丹阳县 丹阳县(又作丹杨县)治所在小丹阳，即今天的江宁区丹阳镇。西汉时期，隶属丹阳郡，汉武帝元朔元年（前128），分封江都王之子刘敢为丹阳侯，丹阳县成为侯国。西晋时，封孙韶之子孙楷为丹阳侯。此后，又降为县。晋武帝太康二年（281），析丹阳县，置于湖县。东晋以后，侨置淮南郡和当涂县于境内。南朝时期基本沿袭未变。隋灭陈后废除，并入溧水县。

溧阳县 溧阳县设于濑渚邑置，治所在今高淳区固城镇，属鄣郡。南京现存最古老的碑刻——东汉《校官碑》，系东汉灵帝光和四年（181），溧阳县丞赵勋等人为颂扬“溧阳长”潘乾的品行和德政而立。南宋绍兴中，此碑出土于固城之旁，证明其为汉代县治。孙吴时期，撤销溧阳县，设典农都尉，进行屯田。

四、汉代州郡县和石头城

两汉时期尤其是东汉末年，中原板荡，军阀混战，群雄纷争，饿殍遍野。南京僻处江南，远离战火，加之物产丰富，先后成为扬州刺史治所和丹阳郡治所在地，政治军事地位显著上升，中心城市地位日益显现。这一时期南京地区“郡”“国”并存——郡县制和分封制并行。原有的棠邑县、秣陵县（孙吴改名建业县）、江乘县、丹阳县、溧阳县，在汉武帝为巩固中央集权而颁布的“推恩令”的实施下，一度成为王侯封国；同时，又涌现出湖熟县城和军事堡垒石头城等城池。

扬州　扬州自西汉设置以来，治无定所。东汉时期，扬州治所初在历阳（今安徽和县），后在寿春（今安徽寿县）；汉灵帝末年，扬州刺史刘繇为袁术所逼，将治所迁到曲阿（今江苏丹阳）。在三国鼎立局面形成之前，扬州之地一分为二，南部属于吴国的有十四郡，治所在建业（西晋时改名建邺，今南京）；合肥以北属于曹魏，治所在寿春（今安徽寿县）。西晋太康元年（280），晋武帝司马炎平定江南后，将寿春的扬州刺史治所并入建邺（今南京）。永嘉年间（307—313），王敦担任扬州刺史，他在建邺创立州城，该城因建在台城之西而得名西州城。东晋孝武帝太元末年，会稽王司马道子领扬州刺史，居东府城。

丹阳郡　汉武帝元封二年（前109）设置丹阳

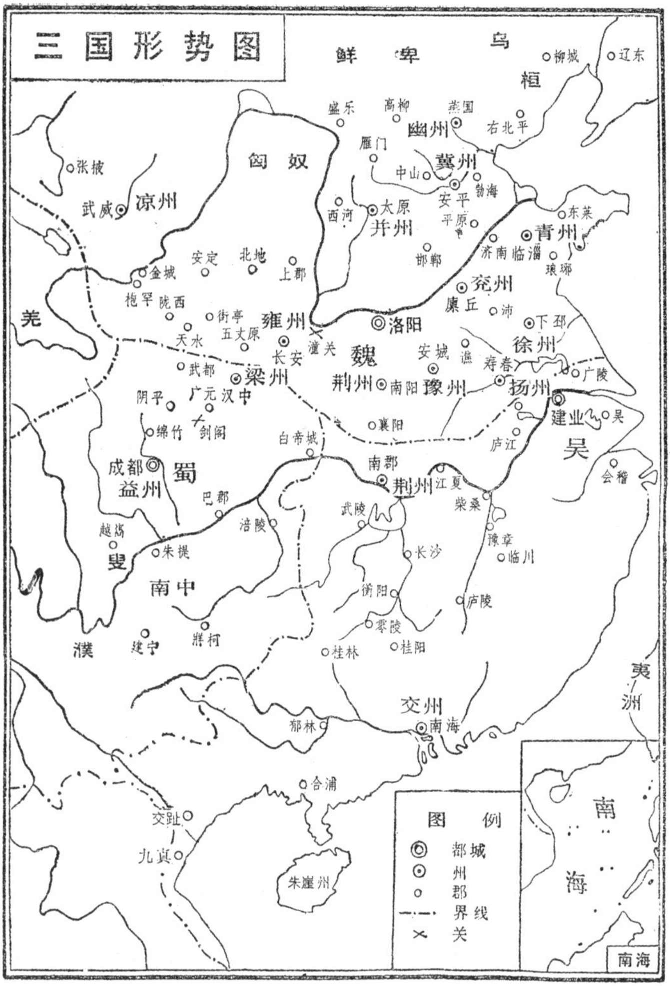

三国形势图

（张传玺、杨济安《中国古代教学参考地图集》）

郡（又作丹杨郡），最初治所在宣城的宛陵县（今安徽宣城），领有江乘、秣陵、丹阳、句容、溧阳、湖熟等十七个县，隶属扬州管辖。汉建安二十六年（221），孙权将丹阳郡治所由宛陵迁到建业（今南京通济门外），以大将吕范为丹阳太守，领县十九。孙吴永安（258—264）中，分出其中的一部分，置故鄣郡，领芜湖以南13县，丹阳郡领地缩小到溧阳以北六个县。西晋武帝太康二年（281），分丹阳郡，另置宣城郡，治宛陵。宋、齐年间，分丹阳郡，立毗陵郡，丹阳郡所领唯建康、秣陵、丹阳、江宁、永世、溧阳、湖熟、句容八县[1]。丹阳郡的长官称作丹阳尹。隋平陈后，废除丹阳郡，城池一并被毁。

湖熟县　湖熟县（又作胡熟、胡孰）是西汉时期分江乘县地设置，位于秦淮河上游句容河畔的湖熟镇，属于丹阳郡。汉武帝元朔元年（前128）封江都易王之子刘胥行为胡孰侯。东汉仍为侯国。孙吴时废除湖熟县，设典农都尉。晋武帝

---

①《南齐书》卷14《州郡志上》，第245页。

太康元年复置。陈朝时属建兴郡。湖熟盛产粮食，地位相当重要。

吴大帝孙权

石头城 石头城，又称石首城、石城。建于东汉献帝建安十七年（212），是吴大帝孙权在石头山（今清凉山、国防园一带）楚国金陵邑故址上修筑的一座军事堡垒和屯粮之所。石头城控扼秦淮河入江口，自孙吴时期起，就是一座军事重镇。左思《吴都赋》中“戎车盈于石头”之语就是当年的真实写照。西晋大将王濬灭吴时，自长江上游顺流而下，攻陷石头城，使吴都建业无险可守，吴后主孙皓只得面缚请降。

南京地区涌现出的一座座城池，不仅是政治、军事中心，更是物质财富的集聚地和精神文化的创造地。美国著名城市理论家刘易斯·芒福德（Lewis Mumford）在《城市发展史——起源、演变和前景》

“中文第二版序”中写道：“贮存文化、流传文化和创造文化，这大约就是城市的三个基本使命了。”[1]南京地区一座座城邑宛若一颗颗闪烁的星辰，簇拥着以今天南京主城区为核心的一轮“明月”冉冉升起。

南朝模印“石头”铭文砖（清凉山石头城遗址出土，南京市博物馆收藏）

第三节 六朝：南京文化的第一个高峰期

公元229年，吴大帝孙权依托长江、秦淮河、石头城和越城为屏障，在今天的南京主城区建立了一座总体规划主次分明、功能分区守正创新，

①[美]刘易斯·芒福德著，宋俊岭、倪文彦译：《城市发展史——起源、演变和前景》，中国建筑工业出版社2005年版，第14页。

三国时期全图（谭其骧主编《中国历史地图集·东晋十六国·南北朝时期》）

同时兼具南北风格的都城——建业，[1]标志着南京这轮明月冉冉升起在中华大地上。此后，东晋南朝相继定都于此。

魏晋南北朝360余年间，南北对峙，中原地区战乱频仍，江南地区相对安宁，大批北方流民南下，中华文明中心第一次南移，东晋南朝都城

① 卢海鸣著：《六朝都城》，南京出版社2002年版，第34—44页。

建康成为中华传统文化的中心，被认为是华夏正统所在。[①]南京文化在思想、宗教、文学、艺术、史学、教育、科技等领域，超迈前人，独领风骚，堪称中国文化的“文艺复兴时期”。著名美学家宗白华《论〈世说新语〉和晋人之美》称：“汉末魏晋六朝是中国政治上最混乱、社会上最苦痛的时代，然而却是精神的史上极自由、极解放，最富于智慧、最浓于热情的一个时代。因而也就是最富有艺术精神的一个时代。”[②]南北民族的大融合促使建康的语言由单纯的吴方言发展为吴方言与北方话并存的局面，此后南京逐渐发展成为北方官话区。[③]

六朝时期，两汉以来儒学独尊的垄断地位被

---

① [宋]李焘：《六朝通鉴博议》指出：“若夫东晋、宋、齐、梁、陈之君，虽居江南，中国也；五胡、元魏，虽处神州，夷狄也，其事又与孙、曹不同。”南京出版社2007年版，第155页。

② 载宗白华著《艺境》，北京大学出版社1987年版，第126页。

③ 卢海鸣：《六朝时期建康的语言状况辨析》，《东南文化》1999年第5期，第101—102页。

东晋十六国时期全图
（谭其骧主编《中国历史地图集·东晋十六国·南北朝时期》）

打破，形成了儒学、经学、玄学、道教、佛教多种学术思潮并存的局面。它们既相互排斥，又相互吸收；既互相抵制，又互相渗透。这些多元化的思想，对当时的政治、经济、文化等方面产生了重大的影响。

儒学是东周时期形成、发展起来的一个重要学术流派。在我国封建社会里，儒学基本上一直处于主流文化地位。儒学思想主张以“仁”为核心，以德治天下，提倡封建纲常礼教。在和平时期，儒学思想用来治国理政成效显著；但是，在动乱不安的年代，却收效甚微。六朝时期，儒学思想退出独尊的地位，经学、玄学、道教、佛教思想空前活跃。六朝的帝王和官僚贵族，大多数既信佛教和（或）道教，又尊崇儒学、经学和玄学。由于儒学思想提倡的封建纲常礼教符合统治阶级的需要，使得儒学思想在封建王朝的政治生活中，仍然起着支配作用。

经学是以儒学思想理论为核心，以学术研究为手段，不断根据现实政治的需要，为统治阶级建构一种政治体系的活动[①]。与经学的黄金时代两汉时期相比，六朝时期堪称经学的“中衰时代”。六朝经学从学术源流上来看，是东汉经学的余绪。由于六朝统治者重视儒学，使得这一时期的经学研究也比较活跃。以京城建康为中心，涌现了张昭、诸葛谨、张纮、虞翻、陆玑、范宁、雷次宗、

① 田汉云著：《六朝经学与玄学》，南京出版社2003年版，第22页。

刘瓛、王俭、明山宾、何佟之、严植之等一批经学大师，产生了《春秋左氏传解》《毛诗草木鸟兽虫鱼疏》《春秋谷梁传集解》一批经学名著。“义疏”（即一种讲义体的注解）之学颇为流行，这种研究方式对于后代的经学研究无疑具有启迪作用[1]。

玄学标榜门第，崇尚清谈，追求个性解放，但不务实际，以吃药、喝酒、坐牛车作为风流旷达的标志。鲁迅先生在1927年所作的《魏晋风度及文章与药及酒之关系》中有精辟论述。[2]据先后出仕南北朝的颜之推《颜氏家训·涉务篇》记载：东晋南朝士族“褒衣博带，大冠高履，出则车舆，入则扶持，郊郭之内，无乘马者”；“肤脆骨柔，不堪行步；体羸气若，不耐寒暑”。六朝时期，“褒衣博带”“秀骨清像”这种病态的美，成为士族阶层所追求和向往的目标。这种士族阶层的新型

---

① 许辉、李天石：《六朝文化概论》，南京出版社2003年7月版，第307页。

② 鲁迅：《魏晋风度及文章与药及酒之关系》，收入《鲁迅全集》第1卷，新疆人民出版社1995年版，第783—793页。

人生观，是两汉儒家齐家治国平天下理想在现实中幻灭后，人们面对乱世所表现出来的一种超凡脱俗的理想追求，可以说是独立人格和自觉精神的一种曲折反映。

道教是我国唯一土生土长的宗教。它宣扬“长生不老”“羽化成仙”。在两汉时期，道教仍处在原始宗教阶段。进入六朝以后，道教以古代民间信仰为基础，以神仙学说为中心，吸收了道家、巫术、占卜、阴阳、五行、谶纬、中医、佛教等学说，呈现着一种驳杂而庞大的宗教思想体系[①]。在弥漫着道教氛围的六朝时代，涌现出了以葛玄、葛洪、陆修静、陶弘景等为代表的道教人物。吴大帝孙权为道教开教祖师“二葛三张”中的葛玄在方山所立的洞玄观是中国道教创教圣地和发源地之一。东晋葛洪所著《抱朴子》，是集神仙道教之大成的道教理论著作。南朝陆修静编撰的《灵宝经目》

---

① 梁满仓：《论蒋神在六朝地位的巩固与提高》，载氏著《汉唐间政治与文化探索》，贵州人民出版社2000年版，第111页。

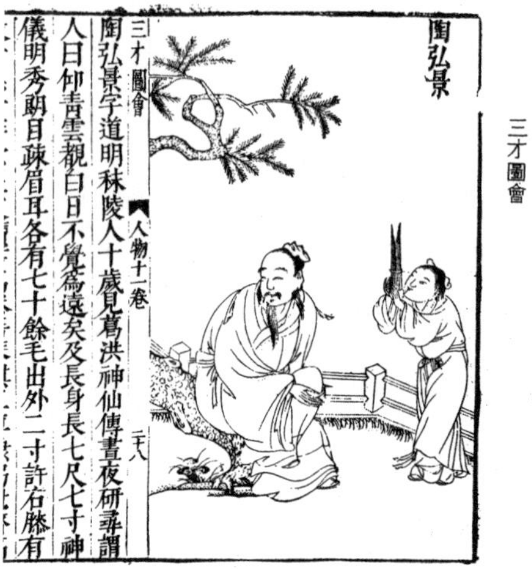

陶弘景（王圻、王思义《三才图会》）

和《三洞经书目录》，创立了道教经典的分类体系。南朝“山中宰相”陶弘景集六朝道教之大成，创立了茅山宗，使茅山成为江南道教的中心。

佛教大约在西汉时期传入中国。至东汉永平年间（58—5），汉明帝为印度僧人迦叶摩腾（即摄摩腾）和竺法兰在洛阳建造了中国第一座佛寺——白马寺，从此，佛教逐渐在中原传播开来。此后佛教又辗转传入南方，形成洛阳和建康一北一南两大佛教中心。佛教是典型的外来宗教。它宣扬的是生死轮回，因果报应。与其他几种思潮相比，佛教思想适合动乱年代人们的心理需求。因此，在魏晋南北朝时期发展迅速，很快在意识形态领域占据重要地位。东汉末年，祖籍西域而生于中原的大月氏人支谦经武昌（今湖北鄂州）来到建业，专以译经为务。支谦译有《维摩诘经》《大般泥洹经》《法句经》《瑞应本起经》等大小经典 49 部[①]，标志着六朝佛教事业的发端。孙吴赤乌十年（247），康居国僧人康僧会自交趾（今越南）经广州北上来到建业。吴大帝孙权在建业为其建立了江南第一座佛寺——建初寺[②]。康僧会在建初寺设坛传经，弘扬佛法，并且译出《吴品经》《六度集经》《安

康僧会

①②［梁］释慧皎：《高僧传》卷 1《康僧会传附支谦传》，中华书局 1992 年版，第 14—16 页。

般守意经》《法镜经》等佛教经典。支谦和康僧会两位僧人会聚建业，对佛教在江南的传播，起到了开风气之先的作用。六朝统治者崇佛佞佛，佛教的影响盛况空前。刘宋元嘉年间，师子国（今斯里兰卡）比丘尼铁萨罗（一作铁索罗）

梁武帝奉佛

一行由陆路抵达建康，在秦淮河南的中兴里南林寺设戒坛，邀请印度高僧僧伽跋摩为传戒师，共同为中国慧果、净音等300余尼众重授具足戒（即比丘尼戒），开创了中国尼众如律受比丘尼戒之始。梁武帝四次舍身同泰寺，亲自撰写《断酒肉文》等，在他的倡导下，汉传佛教僧尼形成素食的传统。建康作为统治中心，城郊内外僧尼云集，梵刹林立。

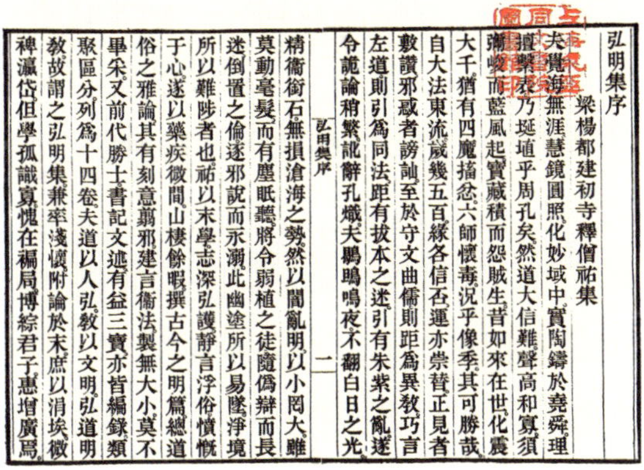

弘明集序

梁楊都建初寺釋僧祐集

夫覺海無涯慧鏡圓照化妙域中實陶鑄於堯舜理擅繫表乃埏埴乎周孔矣然道大信難聲高和寡須彌峻而藍風起寶藏積而怨賊生昔如來在世化震大千猶有四魔搖忿六師懷毒況乎像季其可勝哉自大法東流歲幾五百緣各信否運亦崇替正見者敷讚邪惑者謗訕至於守文曲儒則距爲異教巧言左道則引爲同法距有拔本之迷引有朱紫之亂遂令詭論稍繁訛辭孔熾夫鶡鳴夜不翻白日之光

弘明集序　一

精衞銜石無損滄海之勢然以闇亂明以小罔大雖莫動毫髮而有塵眡聽將令弱植之徒隨僞辯而長迷倒置之倫逐邪說而永溺此幽途所以易墜淨境所以難陟者也祐以末學志深弘護靜言浮俗憤慨于心遂以藥疾微間山棲餘暇撰古今之明篇總道俗之雅論其有刻意翦邪建言衞法製無大小莫不畢采又前代勝士書記文述有益三寶亦皆編錄類聚區分列爲十四卷夫道以人弘教以文明弘道明教故謂之弘明集兼率淺懷附論於末庶以涓埃微裨瀛岱但學孤識寡愧在褊局博綜君子惠增廣焉

《弘明集》书影

鼎盛时期建康的寺庙有700余所。[①] 佛教理论著作以高僧慧皎《高僧传》、僧祐《出三藏记集》《弘明集》负有盛名。六朝时期的佛教虽然具有很高的政治地位，但也不乏反对者。其中最著名的是南朝齐梁年间的无神论者范缜。他撰写的《神灭论》系统地阐述了无神论思想，提出“形存神存，形谢神灭”的无神论观点。范缜在与有神论者萧子良、萧衍等人的辩论中，以生动事例令对方无言以对。

①卢海鸣：《六朝建康的佛寺新探》，《金陵职业大学学报》2000年第4期。

六朝是文化自觉的时代。六朝文化在挣脱汉代“罢黜百家，独尊儒术”的文化模式后，呈现出丰富多彩的格局。唐朝杜佑《通典》卷 182《古扬州·风俗》云：“永嘉之后，帝室东迁，衣冠避难，多所萃止。艺文儒术，斯之为盛。”建康作为都城，官府和私家藏书丰富，南北精英荟萃，都城文化绚烂夺目。同时，都城的文化又通过人员的流动传播到各地，推动各地文化的发展。

在诗词歌赋方面，题材大为拓宽，由汉赋一统天下发展成为乐府诗（乐府民歌）、游仙诗（玄言诗）、田园诗、山水诗、边塞诗、杂体诗、宫体诗、骈体文、散文等多种文体并存。东晋郭璞的游仙诗，陶渊明的田园诗，谢灵运、谢朓的山水诗，鲍照

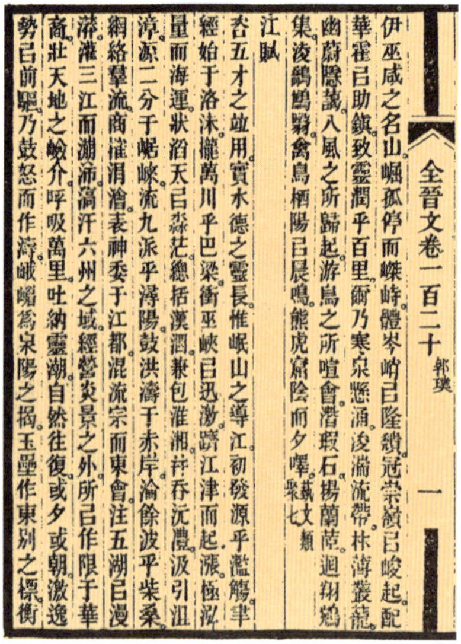
全晉文卷一百二十 郭璞 一

伊巫咸之名山。嶇孤停而嵥峙。體岑崟㠯隆頹。冠崇嶺㠯峻起。配
華霍㠯助鎮。致靈潤乎百里。爾乃寒泉懸涌。浚湍流帶。林薄叢蘢。
幽蔚隱藹。八風之所歸起。游鳥之所喧會。潛蝦石揚。蘭茝迴翔。鵷
集。凌鶴鷁翳。禽鳥棲陽㠯晨鳴。熊虎窟陰而夕嗥。藝文類聚七

江賦

咨五才之並用。實水德之靈長。惟岷山之導江。初發源乎濫觴。聿
經始于洛沬。攏萬川乎巴梁。衝巫峽㠯迅激。躋江津而起漲。極泓
量而海運。狀滔天㠯淼茫。總括漢泗。兼包淮湘。并吞沅澧。汲引沮
漳。源二分于崌崍。流九派乎潯陽。鼓洪濤于赤岸。淪餘波乎柴桑。
綱絡羣流。商搉涓澮。表神委于江都。混流宗而東會。注五湖㠯漫
漭。灌三江而湖沛。滈汗六州之域。經營炎景之外。所㠯作限于華
裔。壯天地之嶮介。呼吸萬里。吐納靈潮。自然往復。或夕或朝。激逸
勢㠯前驅。乃鼓怒而作濤。峨嵋爲泉陽之揭。玉壘作東別之標。衡

《全晋文》关于郭璞作品的记载

的边塞诗和杂体诗等等，无不是光芒万丈，千古传唱。建康成为山水诗、宫体诗、骈体文等诗词歌赋创作的大本营，代表了当时我国文化的主流方向，并对后世的诗歌创作产生了深远的影响。明朝王世贞《艺苑卮言》写道：“卢、骆、王、杨，号称四杰。遣词华靡，固沿陈隋之遗，骨气翩翩，意象老境，故超然胜之。五言遂为律家正始。”这段话表明，初唐四杰深受六朝诗词歌赋的影响，他们创作的诗歌，青出于蓝而胜于蓝。

在诗词声律方面，南齐武帝永明年间，沈约、谢朓等诗人对于以“元嘉三大家”（即颜延之、谢灵运、鲍照）为代表的刘宋时期的诗歌创作技巧的得失利病进行了深入的探讨，开创了“永明体”诗风。《南齐书·陆厥传》记载：“永明末盛为文章，吴兴沈约、陈郡谢朓、琅琊王融以气类相推毂，汝南周颙善识声韵，约等文

沈约

章皆用宫商，以平、上、去、入为四声，以此制韵，不可增减，世呼为‘永明体’。”永明体诗人以“竟陵八友”——沈约、谢朓、王融、萧琛、范云、任昉、陆倕和萧衍为代表。其中沈约的重要贡献在声律理论，创作成就最高的是谢朓。“永明体”对后世诗歌格律的形成有很大的影响。

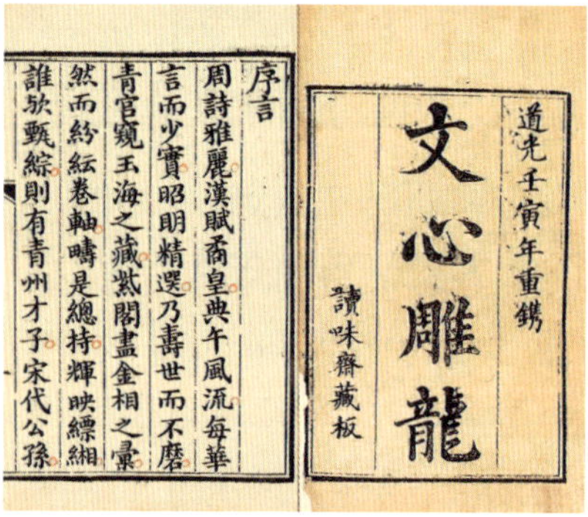

《文心雕龙》书影

在文学批评方面，继三国曹丕的《典论·论文》、陆机的《文赋》之后，南朝刘勰在钟山定林寺创作的《文心雕龙》，是中国文学史上第一部系统的文学评论著作；钟嵘在都城建康创作的《诗品》，是中国文学史上第一部诗歌评论著作。这两部作品，在我国文学批评史上，树立了新的里程碑。

在文章总集方面，梁昭明太子萧统在东宫主持编纂的《文选》是现存最早的一部古代诗文总集，

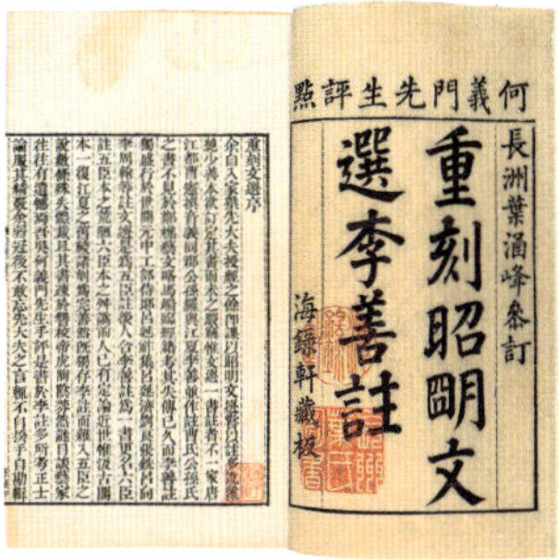

《文选》书影

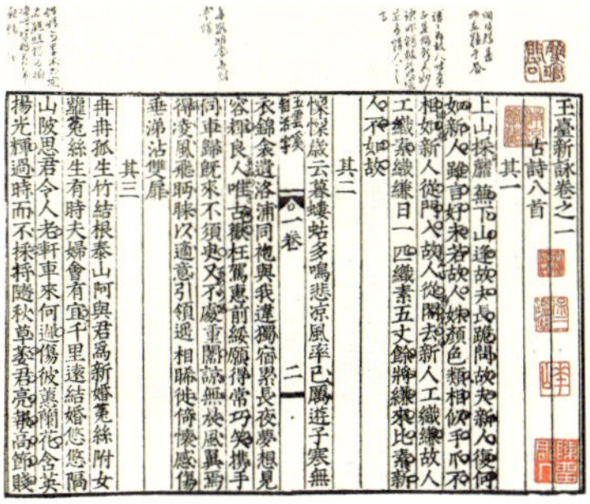

《玉台新咏》书影

它选取了上起先秦、下迄梁武帝普通七年（526）期间129位作家的作品，在我国文学史上占有重要的地位。从唐朝开始，参加科举考试的考生必须熟悉《文选》，才有考中秀才的可能，故有“《文选》烂，秀才半”之说[①]。梁朝皇太子萧纲提倡宫体诗，他命徐陵搜集汉魏以来涉及妇女的诗篇，编成我国第一部以女性为题材的诗文总集——《玉台新咏》。我国古代的许多优秀诗篇，如《孔雀东南飞》，就是通过该书而得以保存下来。

在志人小说方面，由刘宋临川王刘义庆组织

① ［宋］陆游撰，杨立英校注：《老学庵笔记》卷8，三秦出版社2003年版，第270页。

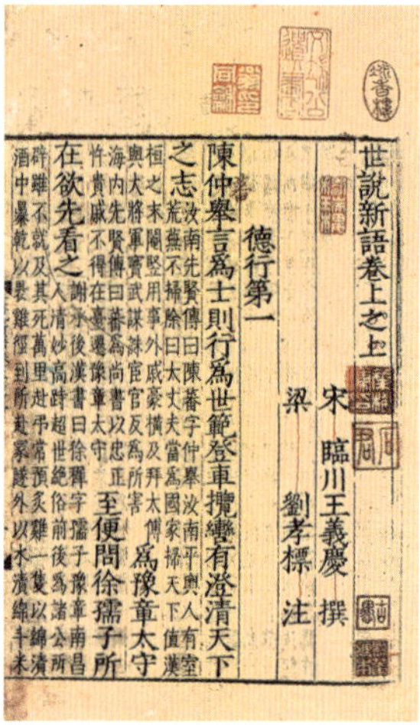
世說新語卷上之上

宋 臨川王義慶 撰

梁 劉孝標 注

德行第一

陳仲舉言爲士則行爲世範登車攬轡有澄清天下之志汝南先賢傳曰陳蕃字仲舉汝南平輿人有室荒蕪不掃除曰大丈夫當爲國家掃天下值漢桓之末閹竪用事外戚豪橫及拜太傅與大將軍竇武謀誅宦官反爲所害爲豫章太守海內先賢傳曰蕃爲尚書以忠正忤貴戚不得在臺遷豫章太守至便問徐孺子所謝承後漢書曰徐穉字孺子豫章南昌人清妙高跱超世絕俗前後爲諸公所在欲先看之辟雖不就及其死萬里赴弔常預炙雞一隻以綿漬酒中暴乾以裹雞徑到所赴冢隧外以水漬綿斗米

《世说新语》书影

编撰的《世说新语》最负盛名。该书自“德行”至“仇隙”共36目，起自东汉末年，止于东晋。记录了东汉后期至魏晋间名士的言行与轶事，刻画细腻，文笔隽永。后世多有模仿之作，但无出其右者。

著名学者胡小石先生评价道：“合而观之，则南京在文学史上可谓诗国。尤以在六朝建都之数百年中，国势虽属偏安，而其人士之文学思想，多倾向自由方面，能打破传统之桎梏，而又富于创造能力，足称黄金时代，其影响后世至巨。”①

六朝是艺术自觉的时代。由于战乱和分裂，统治者无法实现全国书体的统一；又因为日常生活实用的需要，东汉时期通行的雍容典雅、仪态

① 胡小石：《南京在中国文学史上的地位》，收入《胡小石文集》，上海古籍出版社1982年版，第146页。

规矩的隶书，已不适应时代的潮流，因此，篆、隶、楷、行、草等各种书体都获得了良好的发展契机。加上六朝统治阶层崇尚清谈，以讲玄论佛、放任旷达为时尚，所以，书法又被视为抒发个人情感、表现个人精神境界的手段，由中下层典签、书佐从事的无名无位的行当一跃而成为一门高雅技艺，成为帝王将相和文人士大夫精神生活的一个组成

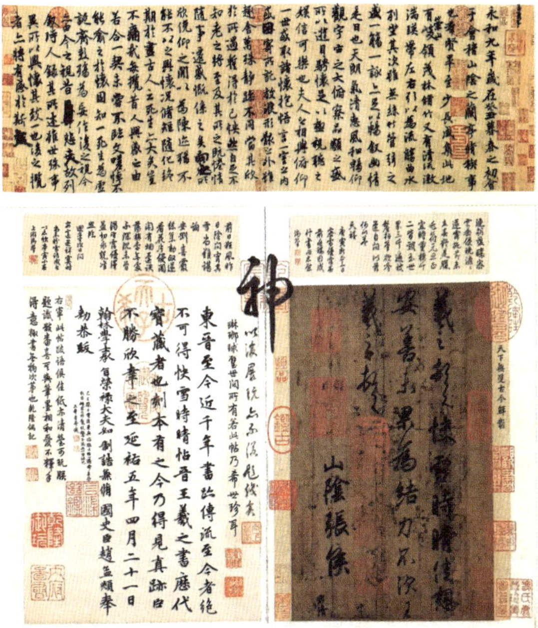

王羲之《兰亭序》《快雪时晴帖》

部分，从而有力地推动了书法艺术的蓬勃发展。代表性人物有王羲之、王献之、羊欣、孔琳之、萧思话、范晔、王僧虔、萧子云、萧衍、陶弘景、贝义渊等人，产生了《兰亭序帖》《丧乱帖》《伯远帖》《快雪时晴帖》《中秋帖》等名作。特别是王羲之的书法为历代书法家所推崇，影响极大，因此有“书圣”之称。这一时期，流传下来的代表性碑刻有孙吴《天发神谶碑》和《梁始兴忠武王萧憺墓碑》，前者原碑无存，现有摹刻和摹本传世，风格雄伟奇特，对后世影响颇大；后者位于南京市栖霞区甘家巷，是铭文书体逐渐向成熟楷书发展，并与通行书体接轨的重要见证物。与此同时，地下出土的墓志书法别开生面，代表性的有《谢鲲墓志》（隶书）、《王兴之夫妇墓志》（楷隶）等。

六朝时期，玄学的兴起，佛教的传入与盛行，使这一时期的绘画题材范围扩大，山水画成为一门独立的画科，佛教绘画艺术迅速发展，花鸟画也处于萌芽状态，人物画、肖像画获得前所未有的发展，涌现出一大批杰出的画家和名作。吴国

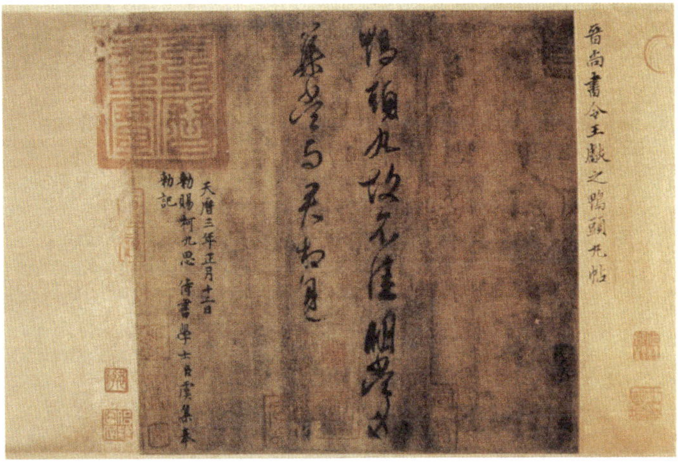

王献之《鸭头丸帖》

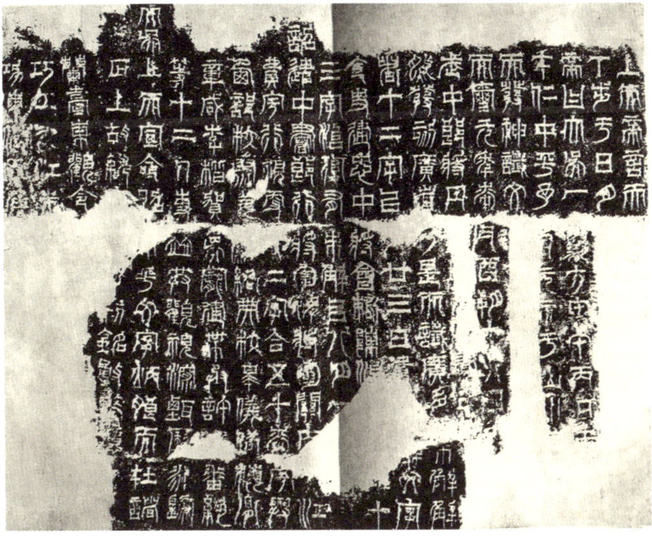

《天发神谶碑》拓本

曹不兴受到建初寺佛像的影响，首画佛教画，被称为“佛画之祖”。东晋顾恺之是六朝最出色的画家，作品流传下来的后人摹本有《洛神赋图》《女史箴图》《斫琴图》和《列女仁智图》。南朝陆探微善画肖像画，所画人物造型“秀骨清像”，体现了六朝士人的风范。张僧繇是六朝时期具有总结性地位的画家，他的画改变了细密的描写，而代之以豪迈疏朗的风格。他创造的这种“疏体”的画法，继承了汉代的传统，开隋唐绘画风格的先河。他在金陵安乐寺画龙点睛的故事更是成为千古美谈。东晋顾恺之与南朝的陆探微、张僧繇被誉为“六朝三杰”。唐朝张怀瓘《画断》在评价顾恺之、陆探微和张僧繇的创作时说道：“象人之美，张得其肉，陆得其骨，顾得其神。”六朝在我国绘画发展史上承前启后，继往开来，名家辈出，但现存作品多为后人摹制。1949 年新中国成立以来，地下墓葬中出土的壁画生动再现了六朝绘画艺术的成就。南京迈皋桥东晋永和四年（348）墓中出土的《虎啸山丘》壁画开辟了砖拼壁画的新艺术形式。南京西善桥宫山南朝大墓出

顾恺之《洛神赋图》局部

（北宋佚名摹本，辽宁省博物馆收藏）

顾恺之《女史箴图》局部（唐代摹本，大英博物馆藏）

“竹林七贤与荣启期”壁画

土的以“竹林七贤和荣启期”为代表的大幅砖拼壁画，堪称六朝艺术的精华。南京南朝墓葬壁画《高逸图》这种题材，在唐朝被作为创作的范本。这些壁画的重见天日弥补了六朝绘画只有摹本传世的缺憾，是研究六朝绘画艺术、服饰制度、宗教信仰和丧葬礼俗的重要实物资料。

六朝的绘画理论也已经成熟。东晋顾恺之是画家论画的卓越代表。他提出的最重要绘画理论是“以形写神”“迁想妙得”“置阵布势”等，为南朝谢赫《古画品录》的“六法”论奠定了基础。谢赫提出的“六法”，是对魏晋南北朝以来画家实践经验的总结、继承与发展，对后代影响很大。继谢赫《古画品录》之后，陈朝姚最撰写的《续画品录》，首次提出“心师造化”（造化即自然界的一切客观事物）的理论，成为我国历代画家身体力行的一项极为重要的创作原则。

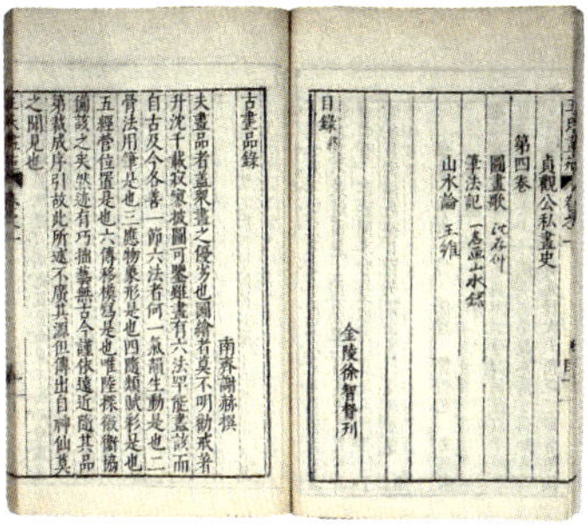

《古画品录》书影

在雕塑方面，东晋南朝时期，佛像雕塑艺术理论、规模和技艺均超过前代。其中以东晋戴逵、戴颙和南朝僧祐最为杰出。

东晋义熙年间，戴逵为建康瓦官寺制作的佛像五躯，与顾恺之的维摩诘画像、师子国（今斯里兰卡）贡献的玉佛像并称“三绝”[①]。其子戴颙

---

①《梁书》卷48《诸夷传》，中华书局1973年版，第800页。

为瓦官寺制作的丈六金像，铸像初成，面部显得很瘦，工匠们无可奈何。戴颙看后，说道：“非面瘦，乃臂胛肥耳。”[①] 众人给铜像臂胛减肥后，一尊比例匀称、面相优美的铜像呈现在众人面前。戴颙的这句话，是六朝时期留下的唯一的雕塑理论，至今对于创作大型圆雕仍具有指导意义。六朝佛像雕塑实物以栖霞山千佛岩石窟中的无量寿佛最具代表性。该佛像是齐梁年间的佛教史学家、雕塑家僧祐设计。从雕刻技法上来讲，一方面继承了汉代用阴线条表现石刻细部的传统，另一方面吸收了印度犍陀罗艺术风格，采用凸起的圆线条或扁平的线条来表现作品的细部；从造型设计上来看，“长颜广颐”“褒衣博带”与当时的绘画艺术风格密切相关，体现出佛教逐步走向世俗化、民族化的进程，显示了南方佛教文化的地域特点和时代特征。5 世纪晚期，随着南北双方的文化交流，南朝造像风格也影响到北方，并成为隋

①《宋书》卷 93《隐逸传 · 戴颙》，中华书局 1974 年版，第 2277—2278 页。

栖霞山千佛岩石窟中的无量寿佛

唐佛教艺术的一个重要源泉。

陵墓神道石刻雕塑与佛像雕塑并列为中国雕塑艺术的两大基本组成部分，以南朝陵墓神道石刻成就最大。南朝帝王陵墓神道石刻分布在南京、句容和丹阳，共有 33 处，南京地区 21 处、句容 1 处、丹阳 11 处。由神道石兽、石柱和石碑共 3 种

梁安成康王萧秀墓石刻

6件构成，其中石兽（麒麟或辟邪）形体硕大，气势恢宏，雕琢精致洗练，造型夸张，变形适度，富有丰富的想象力，摆脱了婉约、细腻、秀美风格的约束，以力量、运动、速度体现出一种宏伟庞大的气势之美，在造型设计、雕刻技法等方面，达到了新境界，实现了继汉开唐的历史性转变，并对唐宋时代的石刻艺术产生了深远的影响。

六朝时期，不仅是我国文学艺术自觉的时代，也是史学自觉的时代。这一时期，在都城建康，汇聚了一大批来自各地的精英，他们热衷于私家修史，促使史学长足发展。宋文帝时，设立的四学馆中包含史学馆，标志着史学成为一门独立的学科。宋明帝时，设总明观（相当于国子监）。总明观分儒学、道学、史学、文学、阴阳学五部，沿袭了宋文帝时的分科教育传统。六朝时期的史学繁荣，突出表现为史家辈出，史书众多，体裁广泛，门类齐备，不仅同一史学领域的史学著作层出不穷，而且新部门、新体制的史学著作也纷纷涌现[①]。《隋书》卷33《经籍志二》“史部”记载的史书门类有正史、古史、杂史、霸史、起居注、旧事篇、职官篇、仪注篇、刑法篇、杂传、地理志、谱系篇、簿录篇十三种，“凡史之所记，八百一十七部，一万三千二百六十四卷。通计亡书，合八百七十四部，一万六千五百五十八卷”。我国二十四史中，六朝建康就贡献了三部——范晔

① 万绳楠：《魏晋南北朝文化史》，黄山书社1989年版，第246—269页。

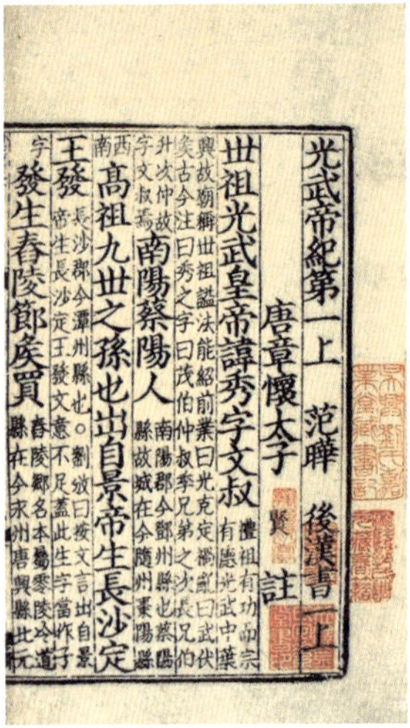

光武帝紀第一上　范曄　後漢書一上
唐章懷太子賢註
世祖光武皇帝諱秀字文叔禮祖有功而宗有德光武中興故廟稱世祖謚法能紹前業曰光克定禍亂曰武伏侯古今注曰秀之字曰茂伯仲叔季兄弟之次長兄伯升次仲故字文叔焉南陽蔡陽人南陽郡今鄧州縣也蔡陽縣故城在今隨州棗陽縣西南高祖九世之孫也出自景帝生長沙定王發長沙郡今潭州縣也○劉攽曰按文言出自景帝生長沙定王發文意不足蓋此生字當作子字發生舂陵節侯買舂陵鄉名本屬零陵冷道縣在今永州唐興縣北元

范晔《后汉书》书影

沈约《宋书》书影

萧子显《南齐书》书影

《后汉书》、沈约《宋书》、萧子显《南齐书》。历史地理类著作中，以南朝刘宋山谦之《丹阳记》、梁朝任昉《地记》、陈朝顾野王《舆地志》比较有名。其中山谦之《丹阳记》部分保留下来，是今天能够见到的南京最早的方志。

六朝时期的目录学已经成为一门独立的学科。不仅官方组织撰写了多种目录学著作，如《晋元帝四部目录》《宋元嘉四部目录》《四部书目》

和《梁天监初四部书目录》《陈秘阁图书法书目录》；而且私家著述也是成就斐然，如刘宋王俭《七志》、梁朝阮孝绪《七录》。这一时期，除了大量综合性图书目录学著作外，文学、史学、艺术、宗教等专科目录学著作也不断涌现。诚如汪辟疆先生在《目录学研究》（商务印书馆 1934 年版）一书中所言："窃以目录之学，创始于两汉，改进于魏晋，极盛于六朝。"汪先生所说的"六朝"虽然指的是南北朝，但并不影响其评价的客观性。六朝目录学的繁荣为隋唐目录学名著《群书四部录》和《古今书录》的产生培植了肥沃的土壤。

六朝时期，门阀士族盛极而衰，在官方教育中，居于主导地位的教育机构——太学和国学屡兴屡废，私家教育——面向社会聚徒讲学和家族中的家学传承得到了较大的发展空间，与官方教育共同担负起中华文化的传薪播火重任。从教育制度上来讲，突破了长期以来的单科教育模式，出现了分科教育的新体制。宋文帝元嘉年间，针对当时官学荒废的情形，征集各地名师到建康，设玄学、史学、文学和儒学四学馆，分别由何尚之、何承天、

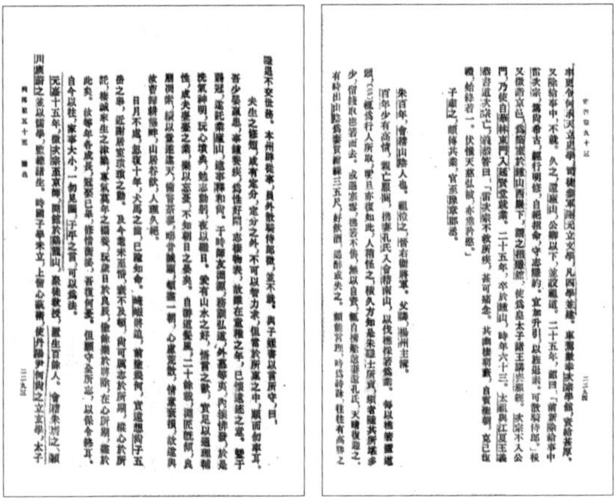

《宋书·隐逸传》中关于四学馆的记载

谢元、雷次宗领衔负责，各聚生徒，进行教学。[1]其中仅雷次宗的儒学馆中就有学生数百人。四学馆的设立，改变了我国自古以来以经学为唯一课程的学校教育制度，标志着我国分科教育制度的开始，堪称我国最早的分科大学。[2]从教育内容上来讲，冲破了儒学教育一统天下的樊篱，将佛教、道教、玄学、文学、史学、书学、律学和科技等

①《宋书》卷93《隐逸传·雷次宗》，中华书局1974年版，第2293—2294页。

②王焕镳编纂：《首都志》卷7《教育上》，正中书局1935年版，第627页。

都吸纳进来。从教育对象上来讲，官方教育以皇家子弟和王公贵族为主要对象，私家教育则以寒门庶族为主要对象。诚如美国伊利诺伊大学教授、东亚史专家伊佩霞（Partricia Buckley Ebrey）所言：“在中国，教育和学术从未被忽略。南北方的士族均博学多识。南方的精神氛围有利于文学艺术的创新，著名的文士决不逊于数世纪之前的汉朝文士。”①

建康的科学进步集中体现在天文、历法、数学和医药学方面，技术成就集中体现在纺织业、造船业、造纸业和炼钢业上。

中国古代天文学体系自汉代形成之后，到六朝时期继续向前发展。三国时期，吴国太史令陈卓根据战国时期天文学家甘德、石申、巫咸三家星经的记载，整理成三垣二十八宿的全天恒星星表和星图，创建了全天恒星体系②，不仅在我国古

---

①［美］伊佩霞著，赵世瑜、赵世玲、张宏艳译：《剑桥插图中国史》，山东画报出版社2005年版，第127页。

②《隋书》卷19《天文志上》，中华书局1973年版，第504页。

代天文学史上占有重要地位，而且使我国古代的天文观测水平与西方并驾齐驱。陈卓创建的星官体系沿用了一千多年，直到明末近代西方天文学的传入后才废弃不用。

历法方面，首推南朝刘宋元嘉二十年（443）何承天制成的《元嘉历》（又称《建元历》），这是南朝的第一部历法，前后沿用了65年，甚至还流传到朝鲜半岛，被百济所采用。梁朝天监八年（509），《元嘉历》被祖冲之创制的《大明历》所取代。《大明历》一直沿用到隋朝开皇九年（589）才被新的历法所取代。

数学方面，刘宋时期何承天计算出新的圆周率值为3.1428，与后来祖冲之计算出的圆周率“约率”π＝22 / 7颇为接近。继何承天之后，齐梁年间祖冲之在三国时期数学家刘徽创造的利用割圆术求圆周率的基础上，运用开密法，反复推算，将圆周率精确到小数点之后的第七位有效数字，即3.1415926—3.1415927之间。这一精确结论，直到1000年后才被15世纪的阿拉伯数学家阿尔·卡西（al-Kashi）和16世纪的法国数学家维叶特（Vieta）所超越。同时，祖冲之还求出用两个分数来表示圆周率的近似值，一个是 $\pi = 355/113$，称为密率；另一个是 $\pi = 22/7$，称为约率。其中密率是分子、分母都在一千之内的圆周率最佳渐近分数，是祖冲之的又一数学成就，在欧洲，直到16世纪，荷兰工程师安托尼兹（Anthoniszoon）和德国数学家鄂图（Otto）才得出相同的数值。

祖冲之推算圆周率

传统的中医教育方式是师徒传授，南朝时期，学校式的医学教育开始出现。刘宋元嘉二十年（443），太医令秦承祖在宋文帝设置四学馆后，上奏宋文帝，请求设置医学馆，以扩大受教育的范围，他的提议得到宋文帝的批准，这是官方创办医学教育的开始，也是医学成为一门独立学科的标志。六朝时期，以都城建康为中心，涌现出了一批医术高明的医药学家和各具特色的医药学

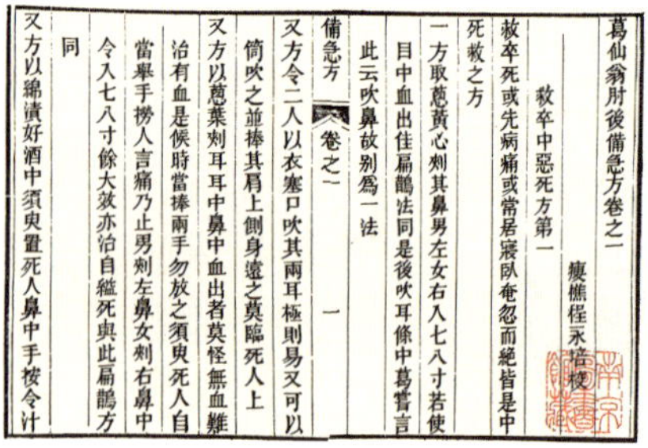

葛仙翁肘後備急方卷之一

救卒中惡死方第一　　　　瘦樵程永培校

救卒死或先病痛或常居寢臥奄忽而絕皆是中

死救之方

一方取葱黄心刺其鼻男左女右入七八寸若使

目中血出佳扁鵲法同是後吹耳條中葛嘗言

此云吹鼻故別爲一法

備急方　卷之一　一

又方令二人以衣塞口吹其兩耳極則易又可以

筩吹之並捧其肩上側身遠之莫臨死人上

又方以葱葉刺耳耳中鼻中血出者莫怪無血難

治有血是候時當捧兩手勿放之須臾死人自

當舉手撈人言痛乃止男刺左鼻女刺右鼻中

令入七八寸餘大效亦治自縊死與此扁鵲方

同

又方以綿漬好酒中須臾置死人鼻中手按令汁

《肘后备急方》书影

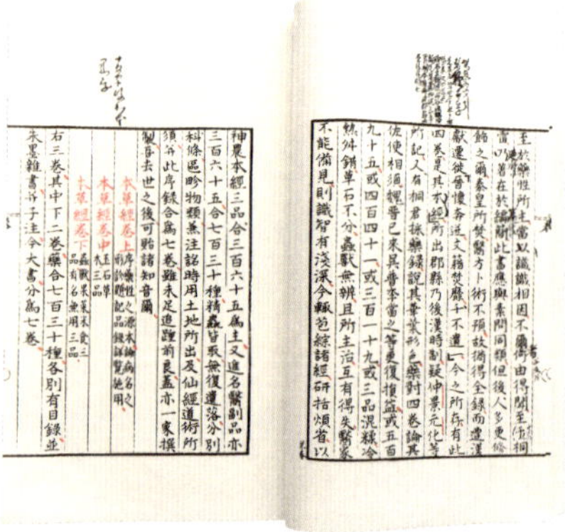

至於藥性所主當以識識相因不爾何由得聞至於桐

雷乃著在於編簡此書應與素問同類但後人多更修

飾之爾秦皇所焚醫方卜術不預故猶得全錄而遭漢

獻遷徙晉懷奔迸文籍焚靡十不遺一今之所存有此

四卷是其本經所出郡縣乃後漢時制疑仲景元化等

所記又有桐君採藥錄說其華葉形色藥對四卷論其

佐使相須魏晉已來吳普李當之等更復損益或五百

九十五或四百四十一或三百一十九或三品混糅冷

熱舛錯草石不分蟲獸無辨且所主治互有得失醫家

不能備見則識智有淺深今輒苞綜諸經研括煩省以

神農本經三品合三百六十五爲主又進名醫副品亦

三百六十五合七百三十種精麤皆取無復遺落分別

科條區畛物類兼注詺時用土地所出及仙經道術所

須并此序錄合爲七卷雖未足追踵前良蓋亦一家撰

製吾去世之後可貽諸知音爾

本草經卷上　序藥性之源本論病名之形診題記品錄詳覽施用

本草經卷中　玉石草木三品

本草經卷下　蟲獸果菜米食三品有名無用三品

右三卷其中下二卷藥合七百三十種各別有目錄並

朱墨雜書并子注今大書分爲七卷

《本草经集注》书影

名著，如东晋葛洪《肘后备急方》堪称中国第一部临床急救手册；刘宋雷敩《雷公炮炙论》是我国第一部制药专著；南齐龚庆宣《刘涓子鬼遗方》是我国现存最早的外科专著；梁代陶弘景《本草经集注》首创按药物自然属性分类的方法，对后世影响深远。六朝医药学家创造的成就为隋唐中医学的发展奠定了坚实的基础。

我国古代纺织业的原料主要有葛、麻、蚕丝和棉。六朝时期京城建康的纺织业有葛、麻纺织业和丝织业两种。[1]孙吴时期的葛、麻纺织业生产，在当时的三国中独步一时。曹魏文帝曹丕曾盛赞吴国出产的葛、麻布的精美。东晋南朝时期，江南地区的葛、麻纺织业更为兴盛，除了质量不断提高之外，还表现在产量和数量方面突飞猛进。东晋安帝义熙十三年（417），权臣刘裕北伐中原，灭掉后秦，迁关中“百工”之人于建康，并在建康城南秦淮河畔斗场里（今1865文化创意产业园一带）设置“斗场锦署”，专门管理和从事锦缎的生产，供皇室和官僚贵族服用。斗场锦署是南京历史上的第一个官办织锦机构，从此南京织锦业登上了历史舞台，南京云锦的源头就始于此。

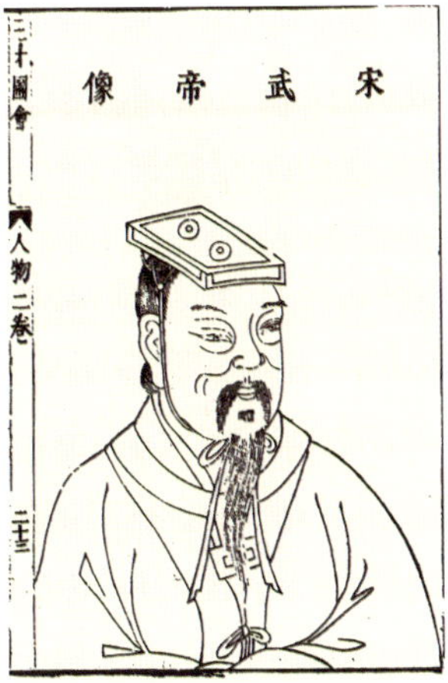

宋武帝刘裕（王圻、王思义《三才图会》）

① 卢海鸣：《六朝纺织业发展水平评估》，《中国农史》2000年第3期。

船是水上交通工具。六朝时期，随着南方政治中心的确立和经济的逐步振兴，加上频繁的战争以及交通运输等方面的需要，造船业在原有基础上取得了前所未有的发展。在这一时期的造船业中，战船的制造显得格外突出。当时的战船不仅数量众多，规模庞大，而且种类齐全。在长江沿岸及东南沿海地区逐步形成了众多的造船基地，都城建康就是其中之一[①]。史载："（祖冲之）又造千里船，于新亭江试之，日行百余里。"[②]据科技史专家考证，这种"千里船"已不再是间歇划动的长片桨，而是连续运动的轮形桨了。轮桨的发明，是造船技术的又一巨大进步。[③]

造纸术是我国四大发明之一，我国的纸最早产生在西汉时期的中原地区。到六朝时期，江南

① 卢海鸣：《论六朝时期造船业的发展状况》，《南京社会科学》2000 年第 4 期。

②《南齐书》卷 52《祖冲之传》，中华书局 1972 年版，第 906 页。

③ 何堂坤、何绍庚著：《中国魏晋南北朝科技史》，人民出版社 1994 年版，第 101 页。

地区以首都建康为中心，造纸业得到较快的发展。纸张的大量生产和使用，使竹简、木牍、缣帛等书写材料逐渐丧失其原有地位。据《太平御览》卷605《文部二十一·纸》引《桓玄伪事》记载，东晋末年，桓玄自立为皇帝，曾下令："古无纸，故用简，非主于敬也。今诸用简者，皆以黄纸代之。"自此以后，纸张首先在建康地区取代简牍，并逐步推广开来，成为社会上的主要书写材料，图书的形式也由简牍变为卷轴。刘宋武帝永初年间（420—422），中央政权在建康设立专门的造纸机构——纸官署，生产官府用纸，这是南方第一个专司造纸的机构。[①]

三国时期，孙吴立国江南，境内矿产资源丰富。以建业（建康）为中心的丹杨郡（即丹阳郡）铜矿和铁矿蕴藏丰富。自东晋时起，首都建康便设有左、右二冶和东、西二冶（宋、齐时又置南冶，废西冶）等，专门从事各类金属（主要是铜、铁和钢）

---

① [宋]张敦颐著：《六朝事迹编类》卷7《宅舍门·扶南乐署》，南京出版社2007年版，第91页。

的冶炼铸造。在这些官方设置的冶炼机构中，均设有“冶令”“冶丞”“锻署丞”之类的官吏进行管辖。六朝的“合炼法”（即灌钢法）炼钢技术在国内外独领风骚[①]。“合炼法”在六朝时期属于一种新型的炼钢工艺，这种生产工艺是把生铁、熟铁放在一起进行冶炼，从而获得更多的钢。“合炼法”制钢工艺是六朝冶金技术的一项辉煌成就，也是我国古代冶金技术史上最具创造性的重要发明之一。

范文澜先生对以建康为中心的六朝文化予以高度评价：“黄河流域的文化，移植到长江流域，不仅是保存旧遗产，而且有极大的发展。中国古文化极盛时期，首推汉唐两朝，南朝却是继汉开唐的转化时期。唐朝文化上的成就，大体是南朝文化的更高发展。”[②]他还说：“军事上是北朝战

---

①卢海鸣：《六朝时期的钢铁冶炼技术》，《科技与经济》2000年第1期。

②范文澜：《中国通史简编》（修订本第二编），人民出版社1964年版，第409页。

胜南朝，文化上却是南朝战胜北朝。”[1]

第四节　隋唐五代宋元：南京文化的曲折发展期

从隋唐到五代宋元的近 800 年间，我国政治中心发生了由西向东、由北向南、再由南向北的反复摆动。除了五代十国时期各个割据政权的都城遍布全国各地外，主流朝代的都城经历了从隋唐长安（今西安）、洛阳——北宋汴京（今开封）——南宋临安（今杭州）——元朝大都（今北京）的变化过程，经济中心和文化中心也随之转移。在这样的历史大变局中，南京扮演了重要的角色。随着雕版印刷术诞生，刻书业蓬勃发展，不仅有传统的写本，而且产生了印本，图书的形式也由单一的卷轴转变为卷轴和印本并存。这一时期南京文化的成就一方面体现在吊古伤今的金

① 范文澜：《中国通史简编》（修订本第二编），人民出版社 1964 年版，第 446 页。

陵怀古诗上，另一方面还体现在别创新格的南唐词上。

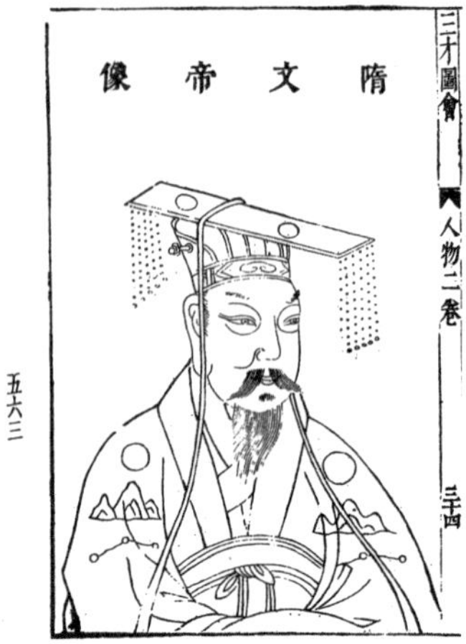

隋文帝杨坚

公元589年，隋文帝命令晋王杨广（后来的隋炀帝）率军灭陈，将建康城“平荡耕垦”，夷为农田，往日繁华的六朝都城变得荒芜萧条。陈朝皇室帝胄、王公贵族和文人雅士或流离失所，或被掳掠到长安，陈后主妹妹乐昌公主与江南才子徐德言在战乱中饱经悲欢离合后破镜重圆的故事，就是真实的写照。唐朝中央政府继承隋代贬抑南京的国策，南京的政治地位一落千丈，由昔日的江南国都，降格为一座不折不扣的江南地方性城市。

唐代是我国诗歌的黄金时代，“废都”建康（今南京）尽管政治地位受到抑制，但是经济发展，贸易活跃，交通便利，八方辐辏。由于建康兴废的巨大落差，使其与首都长安一样受到世人的关注。“南来北往的文人骚客尽可以在对于六朝繁华王朝更替的追怀感慨、评说古今的宏大叙事、指点江山的豪迈气概、悲天悯人的人文情怀中，找到适合自己的题材，让诗才得到充分展示、尽情挥洒，从而逐渐融汇、发展为关于南京的特色文学现象——金陵怀古诗。”①“诗仙”李白一生中曾多次来金陵游历或暂住，晚年病逝于当涂，留下了《长干行》《金陵酒肆留别》《登金陵凤凰台》等家弦户颂的佳作。据笔者统计，李白描写南京的诗词有59首。“诗圣”杜甫年轻时漫游金陵，遍访名胜古迹，写下了五言律诗《送许八拾遗归江宁觐省，甫昔时尝客游此县，于许生处乞瓦官寺维摩图样。志诸篇末》，今天南京凤凰台附近的瓦官寺，就是依据杜甫诗词而复建。王昌龄两次出任江宁丞，以边塞诗闻名当世，在名家如林的盛唐赢得“诗家夫子王江宁”的称号，他的《送

① 颜一平：《文化遗产赋彩城市形象之演生机制探析——以六朝文物、怀古文学与古都金陵形象的关系为中心》，载曹劲松、卢海鸣主编《南京学研究（第三辑）》，南京出版社2021年版，第83页。

李白

刘禹锡

崔致远

朱越》是送别诗中的佳作。诗人崔颢游览长干里，写下了四首脍炙人口的《长干行》。刘禹锡在转任和州（今安徽和县）刺史时创作的《西塞山怀古》和就任和州刺史期间创作的《金陵五题》，篇篇都是上乘之作，在形式和内容上进一步深化了“金陵怀古”这个文学母题。晚唐诗人杜牧的《泊秦淮》《江南春》与李商隐的《咏史》《南朝》无不是名篇佳构，二人合称“小李杜”。诗人韦庄的《金陵图》（又名《台城》）是历来公认的佳作。在清朝孙洙编选的《唐诗三百首》中，收录的金陵怀古诗有9首，涉及李白（4首）、崔颢（2首）、刘禹锡、杜牧和韦庄五位诗人，无论作品数量还是作者数量均居全国城市之冠。令人惊奇的是，江宁（今南京）籍女诗人杜秋娘的《金缕衣》竟然是《唐诗三百首》的压轴之作。[1]韩国汉文学的开山鼻祖，有“东国儒宗”“东国文学之祖”之誉的新罗人崔致远，在晚唐时期入唐求学，参加科举考试进士及第，被任命为溧水县尉。他在担任溧水县尉的三年时间里，创作了《中山覆篑集》5卷，这是溧水区最早的著作集，也是韩国文学史上第一部个人文集。其中的长篇叙事诗《双女坟》，描写梦遇仙女、人鬼相恋的故事，具有很高的艺术价值。此外，唐朝史学家许嵩撰写的《建康实录》记载建康（今南京）在孙吴、东晋、宋、齐、梁、陈六代中的史实及轶事。该书广征博引，

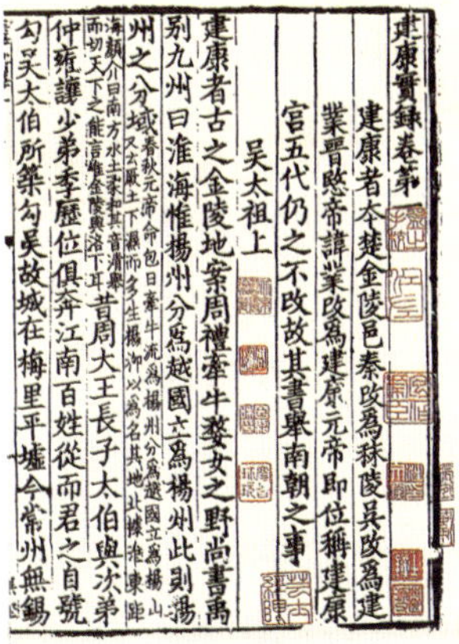
建康實録卷第一
建康者本楚金陵邑秦改為秣陵吴改為建
業晉愍帝諱業改為建康元帝即位稱建康
宫五代仍之不改故其書舉南朝之事
吴太祖上
建康者古之金陵地案周禮牽牛婺女之野尚書禹
别九州曰淮海惟揚州分為越國立為揚州此則揚
州之分域春秋元帝命包曰牽牛流為揚州分為越國立為揚山又云厥土下濕而多生楊柳以為名其地北據淮東距
海顏川曰南方水土柔和其音清舉而切天下之能言唯金陵與洛下耳昔周大王長子太伯與次弟
仲雍讓少弟季歷位俱奔江南百姓從而君之自號
勾吴太伯所築勾吴故城在梅里平墟今常州無錫

《建康实录》书影

① 顾青编注：《唐诗三百首》，中华书局2016年版，第378页。

记述翔实，保存着正史不载的罕见资料，是研究六朝史、南京历史地理的重要典籍。

五代十国时期，中国又一次进入分裂动乱的时代。在这一时期，沉寂300多年的南京再次崭露头角，成为南唐的国都。南唐在政治上是一个名副其实的短命王朝和偏安王朝，它以江宁（今南京）为中心，前后统治江淮地区将近40年。南唐全盛时期的地域包括江苏、安徽淮河以南、江西、湖南、湖北东部、福建等我国中南部最富庶的地区。南唐虽偏安一隅，但在文化传承上却可圈可点，国学大师钱穆称赞“南唐文物，尤为一时之冠”。[①]南唐君主重用文臣，以文治国，开启北宋文人政治之先河。

南唐的文学成就以词最为耀眼，对后世的文学创作影响至大。词始于中唐以后，盛于两宋，五代时期是词发展的一个重要阶段，当时以前蜀、后蜀与南唐词最负盛名，史称：“词至西蜀、南唐，

---

① 钱穆：《国史大纲》第五编第32章《黑暗时代之大动摇》，商务印书馆1996年版，第502页。

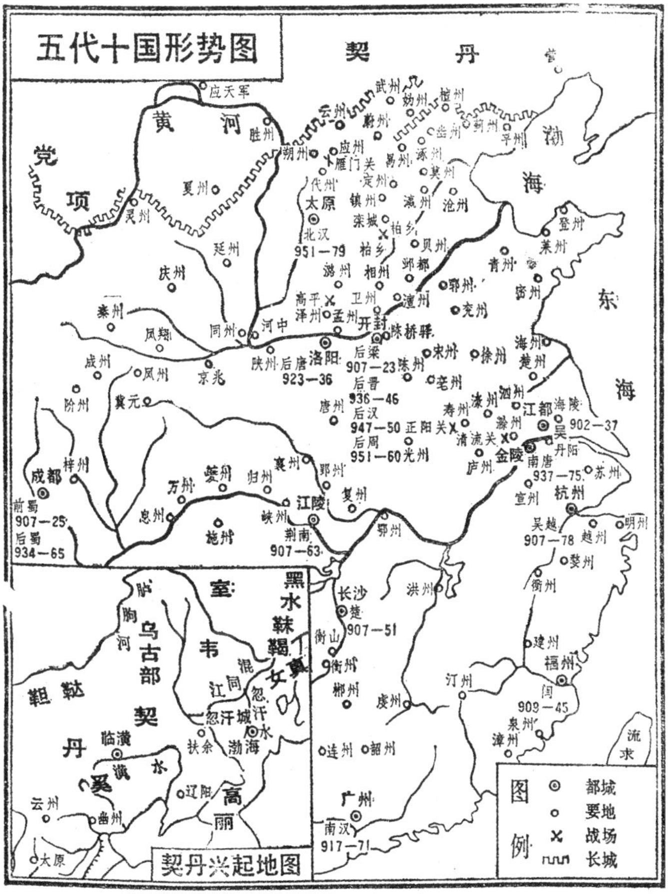

五代十国形势图

（张传玺、杨济安《中国古代教学参考地图集》）

李煜

作者日盛，往往情至文生，缠绵流露。不独为苏、黄、秦、柳之开山，即宣和、绍兴之盛，皆兆于此矣。”①南唐诗词独步天下，开创了一代文学之风，成为宋词的一个重要源头。以中主李璟、后主李煜和宰相冯延巳造诣最深，李煜被称为“一代词宗”“千古词帝”。国学大师王国维评价他们的词时写道：“词至李后主而眼界始大，感慨遂深，遂变伶工之词而为士大夫之词。”②“冯正中词虽不失五代风格，而堂庑特大，开北宋一代风气。与中后二主词皆在花间范围之外，宜《花间集》中不登其只字也。”③据有关学者统计，南唐时期的词人作品共计有255

① [清]沈辰垣等编:《历代诗余》卷114引《玉茗堂集》，《四库全书》本，上海古籍出版社1987年版，第319页。

②③ [清]王国维：《人间词话》，人民文学出版社1960年版，第197页、198页。

董源《溪岸图》

顾闳中《韩熙载夜宴图》（局部）

首[1]，其中大部分作品都创作于国都江宁。南唐宫廷画院内外汇聚了徐熙、董源、巨然、周文矩、顾闳中、王齐翰等一大批画家，创作了大量的传世之作，其中以徐熙《玉堂富贵图》《雪竹图》、董源《潇湘图》《夏山图》《龙宿郊民图》《溪岸图》、巨然《秋山问道图》《万壑松风图》《山居图》、顾闳中《韩熙载夜宴图》、周文矩《宫

① 薛政超据曾昭岷等编撰的《全唐五代词》统计而成，见薛政超著《五代金陵史研究》，中央编译出版社2011年版，第123页。

中图》《重屏会棋图》《琉璃堂人物图》、王齐翰《勘书图》等享有盛名。南唐画院制度直接影响了北宋宫廷画院。南唐三主均重视文化建设，在文献的收藏、保存、整理和文化的发展方面做

王齐翰《勘书图》

出了巨大贡献，北宋国家藏书中有三分之一来自南唐。南唐为北宋王朝输送了一大批有真才实学的学者和文人，如韩熙载、李建勋、徐锴、徐铉等。在北宋类书《太平广记》《太平御览》的编写人员中，来自南唐的文人占40%以上。南唐三主对文化尤其是文艺的推崇，带动了文房四宝的发展，其中引进蜀地造纸工匠在南京制造的“澄心堂纸”名扬天下。

在社会风俗方面，缠足陋习就始于南唐，后主李煜首倡宫女窅娘缠足，上行下效，很快传遍全国，影响中国妇女1000多年。

公元976年元旦，南唐后主李煜在北宋开国名将曹彬的重兵围城之下献城投降，南唐亡国，南京城在和平交接中归于北宋。南唐的典籍、人物、制度在政权更替中流向中原，深深地影响到有宋一代的文化。北宋时期，将南唐都城江宁降格为昇州，不久升格为江宁

曹彬

府。南宋时期，改名建康府，宋高宗赵构一度欲定都于此，后由于金兵所迫，定都临安（今浙江杭州），将建康府定为行都，又称留都、陪都。两宋时期，江宁府（建康府）“领江左八州之地，于东南为大都会”[①]，是江南的政治、经济、军事和文化重镇，有“江南第一州”之美誉。

王安石

“唐宋八大家”之一的北宋著名政治家王安石，青年时代随父在金陵清凉寺读书，入仕后二任宰相、三任江宁知府。他既是中国历代官员中文学成就最高的文学家，也是中国历代文学家中职务最高的官员。他前后在金陵生活近二十年，留下《泊船瓜洲》《桂枝香·金陵怀古》《游钟山》《梅花》等诗词作品多达百余篇，有《王临川文集》《临川集拾遗》等存世。同属“唐

①[宋]周应合纂：《景定建康志》卷28《儒学志一·本朝兴崇府学》，南京出版社2009年版，第742页。

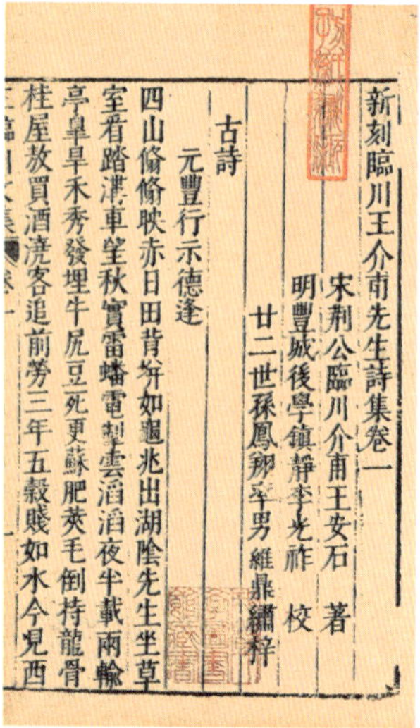

新刻臨川王介甫先生詩集卷一
宋荊公臨川介甫王安石 著
明豐城後學鎮靜李光祚 校
廿二世孫鳳翔率男維鼎繡梓
古詩
元豐行示德逢
四山翛翛映赤日田背坼如龜兆出湖陰先生坐草
室看踏溝車望秋實雷蟠電掣雲滔滔夜半載雨輸
亭皋皋禾秀發埋牛尻豆死更蘇肥莢毛倒持龍骨
柱屋敖買酒澆客追前勞三年五穀賤如水今見西

《王临川文集》书影

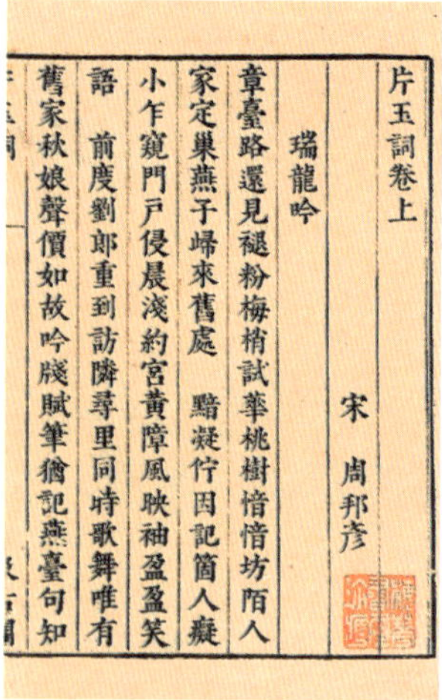

片玉詞卷上
宋 周邦彥
瑞龍吟
章臺路還見褪粉梅梢試華桃樹愔愔坊陌人
家定巢燕子歸來舊處 黯凝佇因記箇人癡
小乍窺門戶侵晨淺約宮黃障風映袖盈盈笑
語 前度劉郎重到訪鄰尋里同時歌舞唯有
舊家秋娘聲價如故吟牋賦筆猶記燕臺句知

周邦彦《片玉词》书影

宋八大家”之一的北宋文学家、书画家苏轼，词开豪放一派，与辛弃疾并称“苏辛”。他在元丰七年（1084）顺江而下，来到金陵，会晤了退隐在半山园家中的王安石，写下了《同王胜之游蒋山》《渔家傲》《次荆公韵四绝》等诗词。同为“苏门四学士”之一的秦观《还自汤泉十四韵》和张耒《怀金陵》《赏心亭》，以及有“词家之冠”的周邦彦在担任溧水令期间创作的《满庭芳·夏日溧水无想山作》，均堪称歌咏南京的佳作。一批入宋的南唐遗臣及后裔撰写了一批怀念故国的史学作品，如史虚白

（一说其子撰写）《钓矶立谈》、徐铉等《江南录》、郑文宝《江南近事》《江表志》、陈彭年《江南别录》等，是研究南唐史的第一手资料。北宋马令撰写的《南唐书》30卷记载南唐历史颇为详备，可补正史之不足。

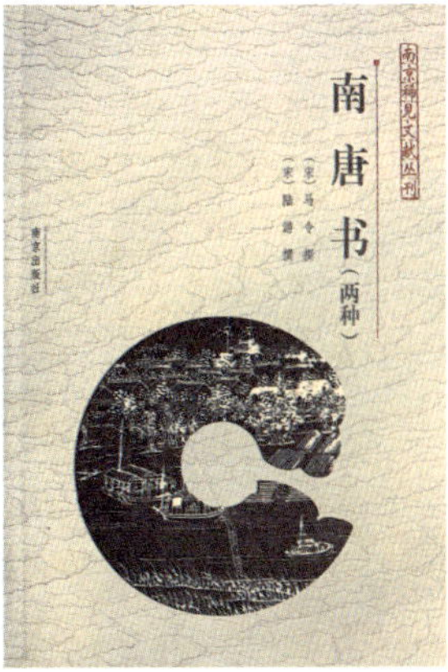

《南唐书》书影

北宋靖康二年（1127），金人攻陷北宋都城汴京（今河南开封），宋徽宗、宋钦宗父子被金人掳掠至北方边地，史称“靖康之难”。同年，康王赵构在南京（今河南商丘）称帝，后以临安（今浙江杭州）为都，史称南宋。南宋偏安江南。

李清照

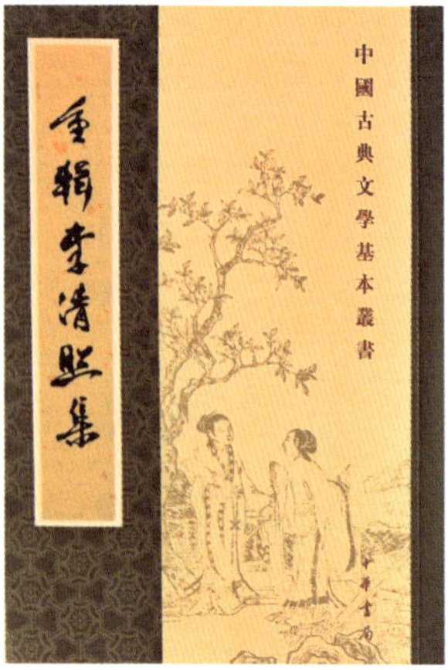

《重辑李清照集》书影

陆游

叶梦得在担任建康知府期间，创作了不少感怀时事、抒发豪情壮志的诗歌作品，编为《建康集》。婉约派代表词人李清照在丈夫赵明诚担任建康知府病逝前后创作的《浪淘沙·帘外五更风》《临江仙·庭院深深深几许》等词作，展现出家破夫亡后凄楚悲凉的内心世界。建康留守张孝祥在任上创作的《六州歌头·长淮望断》借景抒怀，成为千古名篇。“中兴四大诗人”之一的陆游在建康不仅留下《登赏心亭》这样的佳构，而且还撰写了《南唐书》这样的史学名著。宋词“豪放派”代表、有“词中之龙”美誉的辛弃疾游历建康时，目睹山河破碎，触景生情，写下了《念奴娇·我来吊古》《水龙吟·登建康赏心亭》《菩萨蛮·金陵赏心亭为叶丞相赋》等多篇佳作。南宋诗人文天祥兵败被俘，羁留金陵驿期间，以满怀悲愤的心情写就《金陵驿》《酹江月·驿中言别友人》等催人奋进的诗篇。范成大《望金陵行阙》、杨万里《寒食前一日行部过

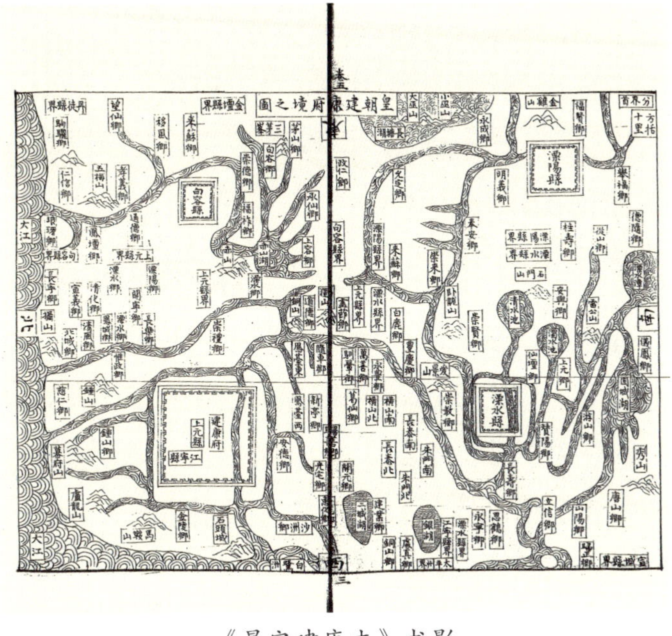

《景定建康志》书影

（日本静嘉堂藏陆心源影宋抄本）

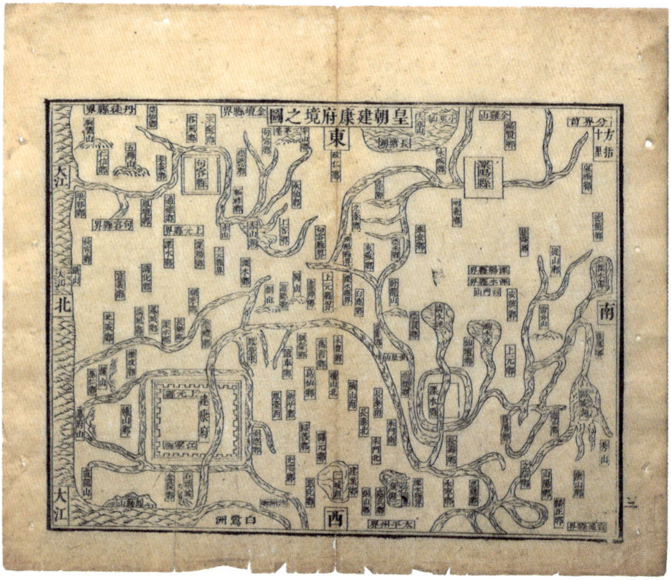

《皇朝建康府境之图》（《景定建康志》）

牛首山》《登凤凰台》堪称字字珠玑之作。曾极《金陵百咏》、苏泂《金陵杂兴》则是以诗歌写就的南京山川历史画卷。南宋地方文献留存下来的有张敦颐《六朝事迹编类》、李焘《六朝通鉴博议》和马光祖修、周应合纂《景定建康志》。其中由南宋规制最完备，集讲学、藏书、刻书和祭祀于一体的书院——建康府明道书院山长周应合主持编纂的《景定建康志》，是我国历史上的一部名志，也是南京现存最早、最完整的一部地方志。该书体例完备，内容赅博，引用史料丰富，内容包括建置、疆域、山川、城阙、职官、科举、财赋、名人、儒学、文籍、武卫、河渠、关隘、金石、名迹、风土等方面。书中对扬州、丹阳、金陵、建邺、越台等地名做了精详考辨，还附有 20 幅精美的地理图，为以前方志所未见。

元朝在进攻南宋的过程中，元世祖忽必烈采取了一系列的怀柔政策，如下令戒滥杀，归降者可保留财产、官职，保护先贤遗迹和招聘人才等。1274 年，元朝统帅伯颜率军进入建康（今南京）城后，秋毫无犯，南京的经济、文化较快地得到恢复，并延续了南宋时期的发展趋势。[①] 元朝政府将建康府改为建康路（后改名集庆路），建康成为路治和江南诸道行御史台的治所所在地，具有独特的政治、经济和军事地位。元朝南京不仅是民族融合的大舞台，更是文人官僚和商贾流连忘

① 陈德芝：《从元朝江南文化看民族融合与中华文明的多样性》，《江苏文史研究》2010 年第 1 期。

返之地。元代统治者对云锦的喜爱促进了南京云锦织造业的长足发展。

元曲四大家之一的白朴在南京留下了《沁园春·我望山形》《水调歌头·南郊旧坛在》《夺锦标·霜水明秋》等词作，抒发对江山兴废的感慨和物是人非的怅惘。杰出的少数民族诗人萨都剌被誉为“有元一代词人之冠”，他曾任江南诸道行御史台掾史、侍御史，在南京期间，写下了《念奴娇·登石头城次东坡韵》《满江红·金

白朴《墙头马上》插图

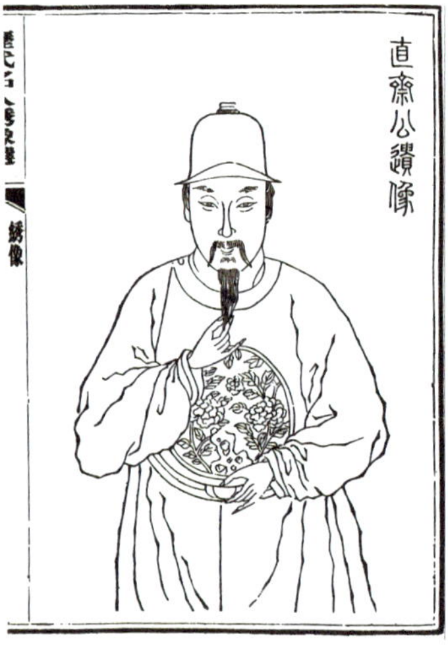

萨都剌（《历代名人绣像选》）

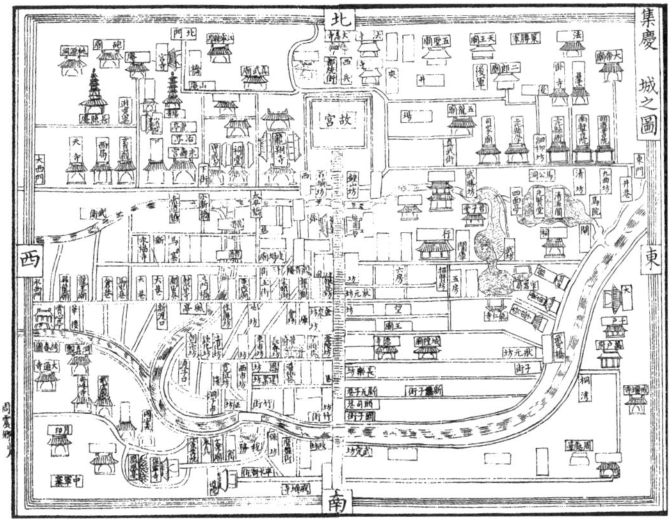

《至正金陵新志》书影

陵怀古》等传诵千古的金陵怀古词。此外，由曾任奉元路学古书院山长张铉编纂的《至正金陵新志》，是现存的元代唯一一部关于南京的方志，其体例和篇目基本沿袭《景定建康志》，书中广为辑录各种历史文献，尤以丰富的元代南京地方史料最为珍贵，是研究元代南京地区历史地理的重要文献。中国国家图书馆收藏有该书元至正四年（1344）集庆路学、溧阳州学、溧水州学和明道书院的合刊本，共 15 卷，体现了宋元时期印刷术的质量和发展水平。

第五节 明朝和清朝早中期：南京文化的第二个高峰期

1356 年，朱元璋领导的农民起义军占领集庆路，改名应天府。朱元璋采纳儒士朱升“高筑墙、广积粮、缓称王”的建议，经过十多年的韬光养晦，逐步翦灭群雄，推翻元朝的统治。1368 年，朱元璋在应天府称帝，以应天府为南京，建立明朝政权，这是南京第一次成为大一统王朝的政治、军事、经济、文化和对外交流中心，从此全国性的政治中心与经济中心统一起来。1420 年 12 月，明成祖朱棣宣布迁都北京，此后200余年间，

明太祖朱元璋

明初疆域图（谭其骧《中国历史地图集》）

南京成为留都，又称南都、陪都，官僚机构依然保存下来，仍然是南方地区的政治、军事、经济和文化中心。明朝276年间，南京话作为官话在全国推广开来，这是南京历史上的第一次，也是唯一的一次。

明朝定都南京后，将程朱理学作为统治人民的基本思想。湛若水长期在南京为官，提出“随处体认天理”这一心学理论。著名思想家王阳明

王阳明

在南京任职期间，提出了“致良知”学说，从此心学开始有了清晰而独立的学术脉络。

明太祖朱元璋和明成祖朱棣皆崇信佛教，在南京修建了灵谷寺、天界寺、能仁寺、鸡鸣寺、大报恩寺、静海寺等寺院，举办法会，组织编纂佛教集大成之作《大藏经》等，各级官员和百姓也纷纷效法。对于伊斯兰教，明朝统治者实行宽柔相济政策，朱元璋在三山街修建净觉寺，推动了伊斯兰教在南京传播。出生于南京的伊斯兰教著名学者王岱舆曾在此进行宗教活动，他的主要著作有《正教真诠》《清真大学》《希真正答》等，他是伊斯兰教汉文译著的开拓者，与马注、刘智、马复初被称为回族四大著作家。明朝后期，南京以其包容开放、海纳百川的特质，成为西学东渐的重要场所。意大利籍天主教传教士利玛窦（Mathew Ricci）万历年间三度来到南京，在南京承恩寺（今中华路水游城）、正阳门西营崇礼街（今大光路大阳沟）、中山门外居住期间，广交各界名流，如叶向高、瞿太素、李贽、徐光启等人，在传播西方天文、数学、地理等科学技术知识，促进中西交流方面做出了重要贡献。他

利玛窦

在南京崇礼街神甫住所设置的小圣堂是南京历史上第一座天主教教堂。他在南京将大学士、科学家徐光启发展为天主教徒，并与徐光启合作翻译了世界数学名著《几何原理》。[1] 利玛窦的宗教活动，奠定了晚清时期南京成为中国天主教两大牧区中心之一基础。民国年间，南京以其首都地位，一跃而成为中国天主教的中心。

---

① 范金民、杨国庆、万朝林、孔潮丽编著：《南京通史·明代卷》，南京出版社2012年版，第14—15页。

宋濂

刘基

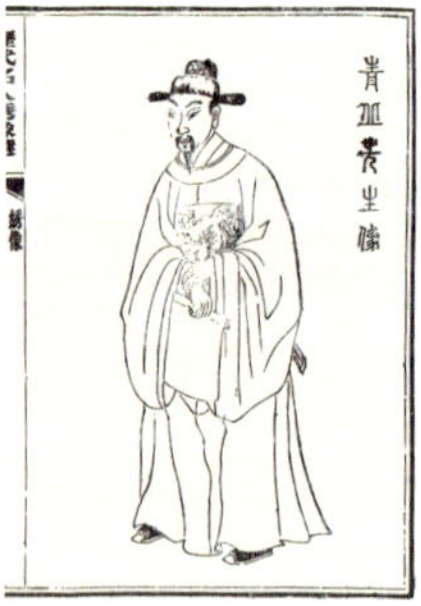

高启

明代南京文学成就斐然。“明初诗文三大家”的宋濂、刘基和高启，在南京生活多年，对明初南京文学的繁荣和发展起到了重要的作用。宋濂《阅江楼记》《游钟山记》、刘基《郁离子》、高启《登金陵雨花台望大江》均为诗文佳制。明代中期，陈沂与顾璘、王韦齐名，有“金陵三俊”之称。三俊与朱应登并称“金陵四家”，又与顾璘之弟顾瑮，并称“金陵四杰”。他们与许穀、金銮、盛世泰、陈芹等人诗词唱和，频繁雅集，形成一个巨大的文化群体，推动了南京文坛的繁荣。《明史》评价道：“南都自洪、永初，风雅未畅。徐霖、陈铎、金琮、谢璿辈谈艺正德时，稍稍振起。自璘主词坛，士大夫希风附尘，厥道大彰。许穀、陈凤、璿子少南、金大车、大舆、金銮、盛时泰、陈芹之属，并从之游。穀等皆里人，銮侨居客也。仪真蒋山卿、江都赵鹤亦与璘遥相应和。沿及末造，风流未歇云。”[①]明代中晚期南京的戏曲和小说成就影响深远。徐霖长期生活在南京快园，擅长辞赋，精通音律，正德间与陈铎并称为南京的“曲坛祭酒”。他创作的《绣襦记》是中国戏曲史上南戏向传奇过渡期间的一部重要作品。有“东方的莎士比亚”之称的剧作家汤显祖，先后在南京游学、为官长达十年，他潜心于戏剧创作，所作传奇《紫钗记》《还魂记》（又名《牡丹亭》）《南柯记》《邯郸记》合称为“临川四梦”，其中《紫钗记》即创作于南京。阮大铖是晚明成就最高的戏曲名家，他在南京期间，先后居住在中华门西库司坊、牛首山献花岩等地，创作出《石巢传奇四种》，尤以《燕子笺》具有很强的艺术感染力。史称，阮大铖每

①《明史》卷286《文苑传二》，中华书局1974年版，第7356页。

一部传奇作品问世几乎都会在当时产生轰动效应。散曲家陈铎世居南京，工诗善画，有“南词宗匠”之称，尤其精于声律，被称作“乐王”。著有《秋碧轩集》《香月亭集》《秋碧乐府》《可雪斋稿》《词林要韵》等，另有杂剧及传奇。他的《滑稽余韵》收小令（散曲的一种）141首，惟妙惟肖地刻画了南京城内儒士、医人、道士、和尚、厨子、媒人、刷印匠、瓦匠、银匠、蔑匠、木匠、漆匠、机匠、铁匠、皮匠、烧窑、磨镜、箍桶、染网巾等100多种从业人员的众生相，以及冠帽铺、生药铺、颜料铺、茶铺、糕铺、书铺、笔铺、墨铺、纸铺、扇铺、米铺、磨坊、油坊、酒坊等将近40个店铺手工业者的生存状态，充满了浓郁的市井文化色彩。

在史学和文献整理方面，官修史志与私人著述交相辉映。官修的著名史书有宋濂等人编纂的《元史》，名列“二十四史”之中。官修方志有通志、府志、京城志、县志和专志，以专志最具特色。通志有闻人诠《南畿志》。府志有程嗣功、王一化《万历应天府志》。京城志有礼部编纂的

《洪武京城图志》。县志有：董邦政修、黄绍文纂《嘉靖六合县志》；刘启东修、贾宗鲁纂《嘉靖高淳县志》；王诰修、刘雨纂，管景等增修《正德江宁县志》；李登纂修，盛敏耕、顾起元同纂《万历江宁县志》；吴仕诠修、黄汝金纂《万历溧水县志》；李箴等修《万历六合县志》；沈孟化修、张梦柏等纂《万历江浦县志》；李维樾修、沈孚中纂《崇祯江浦县志》。专志有：王逢年《南京吏部志》，陶尚德、庞嵩等《南京刑部志》，范景文、张可仕《南枢志》，徐必达、施沛等《南京都察院志》，赵

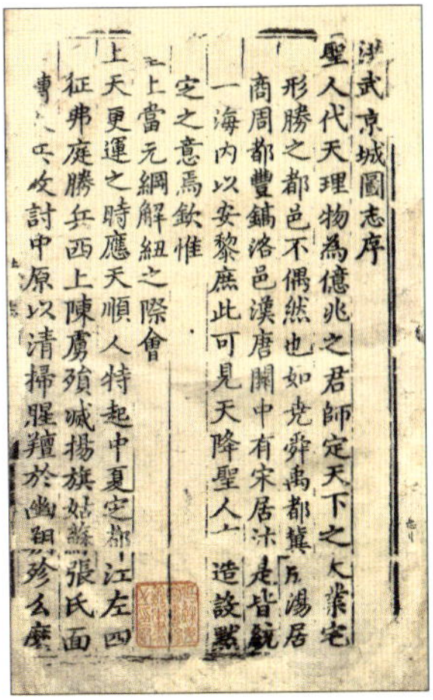
洪武京城圖志序
聖人代天理物為億兆之君師定天下之大業宅
形勝之都邑不偶然也如堯舜禹都冀方湯居
商周都豐鎬洛邑漢唐關中有宋居汴是皆統
一海內以安黎庶此可見天降聖人亡造設默
定之意焉欽惟
上當元綱解紐之際會
上天更運之時應天順人特起中夏定都江左四
征弗庭勝兵西上陳虜殄滅揚旗姑蘇張氏面
縛六師北討中原以清掃腥羶於幽朔殄幺麼

《洪武京城图志》书影

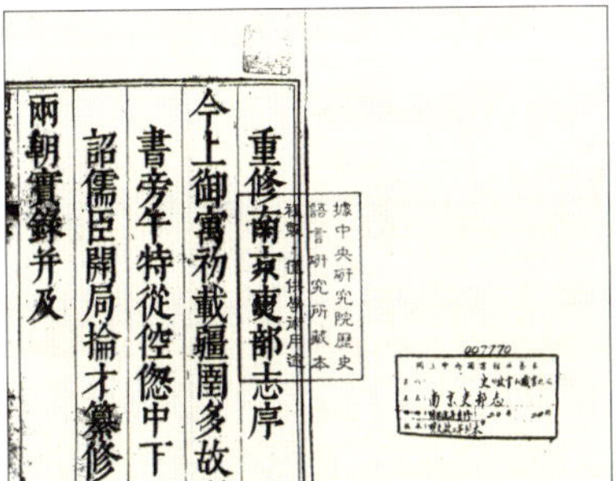
重修南京吏部志序
今上御寓初載寤寐多故羽
書旁午特從侍從中下
詔儒臣開局掄才纂修
兩朝實錄并及

《南京吏部志》书影

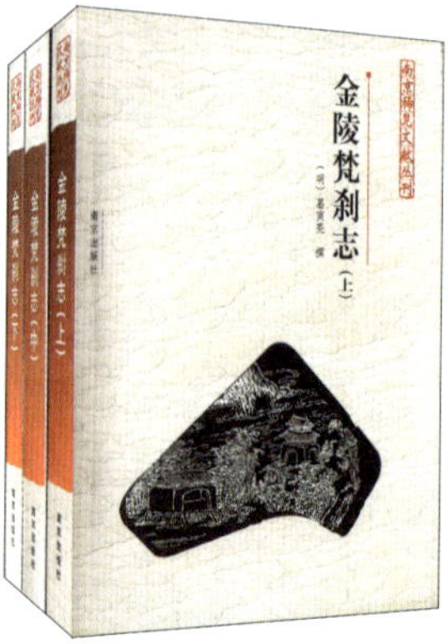

《金陵梵刹志》书影

官《后湖志》，黄佐《南雍志》等。私家撰述有陈沂《金陵古今图考》《金陵世纪》《献花岩志》、盛世泰《牛首山志》《栖霞小志》、焦竑《焦氏笔乘》、朱之蕃《金陵图咏》、顾起元《客座赘语》、周晖《金陵琐事·续金陵琐事·二续金陵琐事》、葛寅亮《金陵梵刹志》《金陵玄观志》等。

明朝文化的集大成之作《永乐大典》，初名《文献集成》。由解缙、姚广孝等人奉明成祖朱棣之命编纂，从1403—1408年前后用了6年时间，参与者达到3000多人。全书正文22877卷，凡例和目录60卷，装成11095册，总字数约3.7亿字。书中保存了我国上自

解缙

先秦、下迄明初的各种典籍资料达 8000 余种，是我国古代辑录最为广博、内容最为丰富的大型类书。《大英百科全书》称之为“世界有史以来最大的百科全书”。

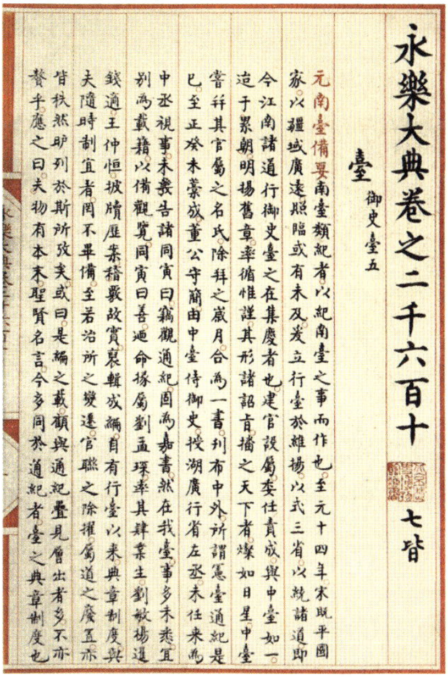
永樂大典卷之二千六百十 七皆
臺 御史臺五
元南臺備要南臺類紀者以紀南臺之事而作也至元十四年宋既平國
家以疆域廣遠照臨或有未及爰立行臺於維揚以式三省以㨿諸道即
今江南諸道行御史臺之在集慶者也建官設屬委任責成與中臺如一
迨于累朝明揚舊章率循惟謹其形諸詔旨播之天下者燦如日星中臺
嘗拜其官屬之名氏除拜之歲月合為一書刊布中外所謂憲臺通紀是
已至正癸未藁成董公守簡由中臺侍御史授湖廣行省左丞未任來為
中丞視事未幾告諸同寅曰竊觀通紀固為嘉書然在我臺事多未悉宜
别為載籍以備觀覽同寅曰善遍命掾屬劉孟琛率其肄業生劉敏揚道
鈞適王仲恒披牘歷案稽覈故實裒輯成編自有行臺以來典章制度與
夫隨時制宜者罔不畢備至若治所之變遷官職之除擢屬道之廢置亦
皆秩然明列於斯所攷美或曰是編之載顧與通紀疊見層出者多不亦
贅乎應之曰夫物有本末聖賢名言今多同於通紀者臺之典章制度也

《永乐大典》书影

该书编成后，先是收藏在南京的文渊阁，永乐迁都后，运到北京的文渊阁保存。明代中叶，又用近十年时间（1562—1570）抄录了一份，称为“嘉靖副本”。永乐原本毁于兵火，流传下来的为嘉靖副本。[①] 目前已知存世 418 册，其中中国国家图

① 蒋赞初著：《南京史话》，南京出版社 1995 年版，第 116 页。

书馆收藏224册。300年后清代乾隆年间编纂的《四库全书》就是直接受到《永乐大典》的影响。[①]

明代的南京是全国最重要的出版中心。当时的国子监集中了宋元以来江南地区的木刻书板，曾多次印刷出版。而大报恩寺在佛教典籍的收藏、刊刻方面占有独特的地位。永乐年间在大报恩寺刊刻并收藏经版的佛教大丛书称作《永乐南藏》（简称《南藏》），前后三次续刻，总函数达到678函，共收典籍1618部6325卷，刻成不久即开放供自由请印。[②]《永乐南藏》对于佛教文化的传承、弘扬起到了重要作用。《西游记》现存最早刊本是明万历二十年（1592）金陵唐氏世德堂《新刻出象官板大字西游记》（20卷100回），该刻

① 周晓聪:《〈永乐大典〉与〈四库全书〉编纂的比较》，《天水师范学院学报》2006年第1期。

② ［明］葛寅亮：《报恩寺九号藏经并藏殿碑记》，载葛寅亮《金陵梵刹志》，南京出版社2011年版，第497—498页。夏维中、祁海宁编著:《南京大报恩寺的前世今生》，南京出版社2015年版，第96—100页。

本有线描插图 197 幅，首次将唐僧师徒形象以插图形式予以定型。明代思想家、文学家李贽的哲学名著《藏书》即刊刻于南京，焦竑为之作序。在南京初刻的传世名著还有李时珍《本草纲目》、冯梦龙《警世通言》等。天启年间至崇祯年间，在南京活跃着两位一流的刻书家，一位是吴发祥，由他刻印的《萝轩变古笺谱》（颜继祖辑录），在天启六年（1626）出版，书中收录 170 余幅图，是目前所见最早采用饾版与拱花多色套印技艺的图书。胡正言的“十竹斋”，位于鸡笼山下，作

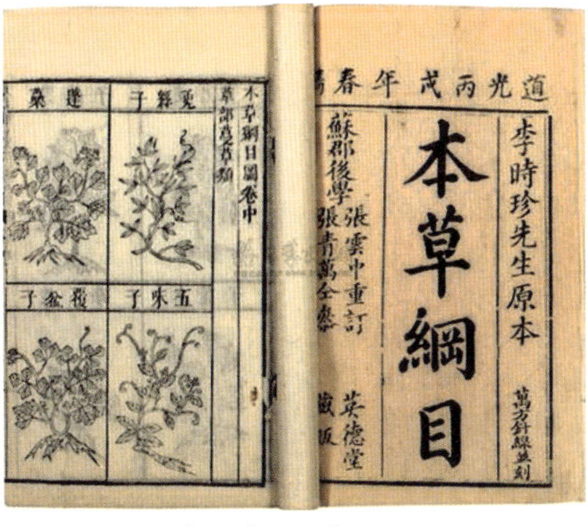

《本草纲目》书影

《十竹斋书画谱》书影

为一个私人住宅，同时又是木刻水印作坊，集绘、刻、印于一体，在明清交替之际，刻印了他本人编选的《十竹斋书画谱》（约1627年出版）和王概等人编选的《十竹斋笺谱》（1645年出版）等作品，其中《十竹斋书画谱》分为《书画谱》《墨华谱》《果谱》《翎毛谱》《兰谱》《竹谱》《梅谱》《石谱》八大类，共有180幅画和140件书法作品；《十竹斋笺谱》收录将近300幅图。这两部作品是中国水印木刻版画的巅峰之作，代表了明代印刷业的最高成就，对日本浮世绘乃至近代西方艺术都产生了较大影响。南京十竹斋也因此成为向世界传播中华优秀传统文化的杰出代表。

为了确保大明王朝的长治久安，朱元璋十分重视教育。针对元末明初“人习战争，惟知干戈”

的现状，认为“治国以教化为先，教化以学校为本”，他下令从京城南京到府、州、县，大建学校。[1]其中他在南京建立的国子监又称国子学、国学、太学，是明初国家的最高学府，也是当时在亚洲具有广泛影响力的国际大学。始建于洪武十四年（1381），洪武十五年（1382）三月，国子监及其东侧的孔庙同时落成。国子监规模宏大，据明代黄佐《南雍志》卷7《规制考上·上篇·建置本末》记载：“东至小校场，西至英灵坊，北至城坡土山，南至珍珠桥。”左庙右学，学舍极多，又有广业堂、敬一亭、光哲堂、讲院、射圃、仓库、园池、祭酒司业宅等。洪武十五年（1382）国子监刚刚建成时，学生人数最少，有577人；永乐二十年（1422），学生人数最多，达9972人。留学生来自日本、琉球（今日本冲绳）、暹罗（今泰国）等地，[2]通常有20人左右。宿舍有1000间。国子监以四书五

①《明史》卷69《选举志一》，“二十四史”简体字本，中华书局2000年版，第1126页。

②《明史》卷69《选举志一》，“二十四史”简体字本，中华书局2000年版，第1121页。

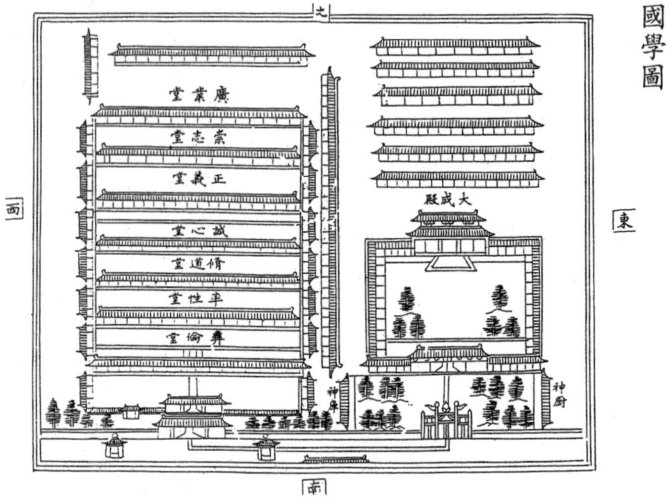

国学图

经为主要课程。《永乐大典》就是由国子监生编抄完成的。

明朝南京的科技成就集中体现在天文观测、城墙建设、陵墓营造、寺庙建设和造船业上。

明朝在鸡笼山北极阁元代观象台旧址上，设置钦天台（北极阁因此又名钦天山），由钦天监管理。钦天台使用球仪、浑天仪、日晷、简仪等天文仪器，观察天文气象。明代南京钦天台优良精巧的设备，令 16 世纪末前来参观的意大利传教

浑天仪

简仪

士利玛窦叹为观止。[1] 清朝初年，这些仪器设备全部被运到北京。明朝末年吴梅村《观象台》诗中“候日观云倚碧空，一朝零落黍离同”，哀叹的就是明清易代、天文仪器北迁之事。这批珍贵的古天文仪器在 1900 年八国联军侵入北京城后，曾遭劫掠，直到第一次世界大战结束后，才归还我国。1933 年 6 月从津浦铁路运回南京，先是放在浦口火车站。1934 年 2 月运至紫金山天文台内。

明代南京城由宫城、皇城、京城和外郭四重

---

① [意]利玛窦、[比]金尼阁著，何高济、王遵仲、李申译，何兆武校:《利玛窦中国札记》，中华书局 1983 年版，第 352—354 页。

城垣构成，前后历时 28 年建成。其中京城和外郭城墙依山傍水、因形随势而建，蜿蜒起伏于自然山水之间。南京明城墙无论是在墙体结构、城砖制作、黏合剂应用、瓮城构建、防水排水系统的设计、护城河水源利用，还是在平面布局、皇宫选址、外郭建造等方面，都充分展示了我国古代劳动人民的聪明才智，体现了我国古代的“天人合一”思想。南京明城墙是我国目前保存最完整的古城墙之一，也是世界上现存规模最大的古代

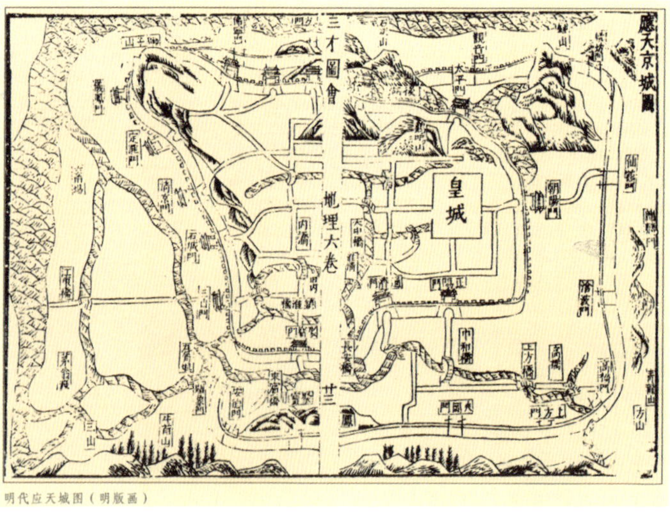

应天京城图（明代王圻、王思义《三才图会》）

都城城墙。明朝南京城由内到外的四重城墙构造，不仅体现了南京至高无上的国都地位，而且在中外都城建设史上也是一个创举。南京明故宫也成为北京紫禁城的蓝本。① 明代南京被认为是中国最美丽最雄伟的城市。意大利天主教传教士利玛窦于1595年、1598年、1599年三度到南京，他在《利玛窦中国札记》② 中写道："在中国人看来，论秀丽和雄伟，这座城市超过世上所有其他的城市……它真正到处都是殿、庙、塔、桥，欧洲简直没有能超过它们的类似建筑。……在整个中国及邻近各邦，南京被算作第一座城市。"

明孝陵是南京地区规模最大的帝王陵寝，也是迄今为止我国保存最为完整的古代帝王陵墓之一。1961年，国务院将它列为第一批全国重点文物保护单位。明孝陵前后历时32年建成。自下马

---

① 朱明娥著：《旷世城垣——南京明城墙》，南京出版社2018年版，第6页。

② [意]利玛窦、[比]金尼阁著，何高济、王遵仲、李申译，何兆武校：《利玛窦中国札记》，中华书局1983年版，第286、287页。

明孝陵武士石像（1871 年）

明孝陵下马坊（1944 年）

明孝陵方城明楼与宝顶

坊至宝顶，总长达2.62公里。地势高低起伏，神道逶迤曲折，达到了人工与自然的和谐统一，在中国历代帝王陵墓中，占有极其重要的地位。明孝陵神道两侧石刻依次为狮子、獬豸、骆驼、大象、麒麟、马，各两对，一立一卧，共12对。石兽之北是一对浮雕有盘龙纹和云气纹的白玉石望柱，再过去就是文臣、武将各两对，均为整块石料雕凿而成，体量高大，线条简洁，纹饰精美，形象生动，充满了现实主义的色彩，再现了明太祖朱元璋生前君临天下的豪迈气概。这些神道石刻保存完好，是明朝石刻艺术的代表作，具有重要的历史、科技和文化艺术价值。明孝陵陵寝制度承上启下，别创新格，为以后500多年的明清两代帝陵所沿用，在中国古代帝陵制度史上具有里程碑的地位。2003年7月3日，明孝陵被联合国教科文组织列为“世界文化遗产”。

大报恩寺琉璃塔是明成祖朱棣为其生母碽妃祈福而建，八角九层，高约78米（一说高105米），塔身以绘有佛教题材图案的白色琉璃砖砌筑，拱门、塔檐、斗拱、栏杆用饰有飞天、飞羊、狮子、白象、人面蛇身神像的五色琉璃砖瓦砌筑。大报恩寺琉璃塔（俗称“瓷塔”）开创了我国琉璃塔

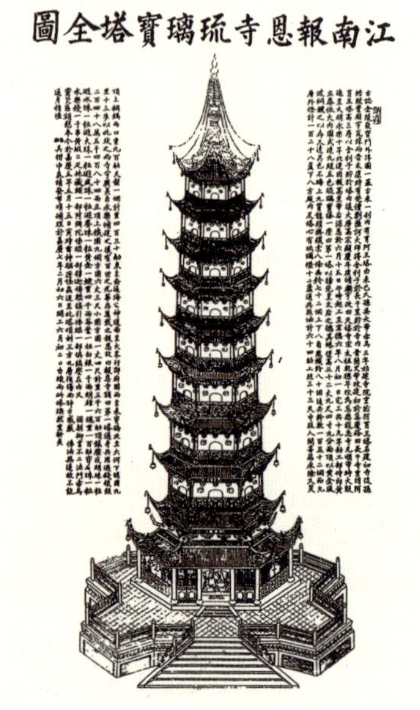

大报恩寺琉璃塔
（《金陵关十年报告》）

的先河，与长城并列为中国最具特色的标志性建筑物，被誉为“世界第八大奇观”。[①]连从未到过中国的丹麦童话小说家安徒生在其作品《天国花园》中都有专门的描述。大报恩寺塔经过清朝顺治年间随荷兰使团到达南京的荷兰画家、探险家约翰·尼霍夫《中国出使记》的描绘（他误将9层画成了10层），深深地影响到西方世界，被认为是吉祥和繁荣的象征。18世纪的欧美国家纷纷在花园中进行仿造，最成功的案例是苏格兰建筑师威廉·钱伯斯为威尔士公主道维格尔设计的邱园（今伦敦皇家植物园）八角形十层宝塔，建于1761—1762年。邱园宝塔后来成为欧洲所有宝塔

①［荷］约翰·尼霍夫《中国出使记》：“将宝塔与世界七大奇迹并置，虽然这骄傲的建筑堪比七大奇迹。”［清］金陵关税务司编《金陵关十年报告》之1892—1901报告（海关税务司英国人安格联1901年撰写）：“对于西方世界来说，远东是一本未打开的书，瓷塔和长城并称为世界奇迹，瓷塔在他们心目中的中国——这个知之甚少的国度，占有一席之地。”［清］张喜《抚夷日记》记载：“报恩寺在江宁聚宝门外，寺内有千佛绿琉璃塔一座。该夷（指马儒翰）言，天下中外共有八大景，此塔为八大景之一。”

宝船厂作塘遗址（南京市考古研究院）

效仿的典范，如雅斯科基赛罗的宝塔、蒙伯利亚的宝塔、卡塞尔的卡尔索宝塔以及奥伦尼伯姆的宝塔。[1]

龙江船厂和宝船厂是明代南京的两个官办造船机构。[2] 龙江船厂是建立最早、规模最大的造船

---

① [德]基德-海尔格·弗格尔：《中国宝塔在近代欧洲花园设计中的应用》，《新华文摘》2004 年第 16 期。

② 范金民:《明代南京宝船厂遗址考》,《江苏社会科学》2018 年第 1 期。

厂，所造船只种类有预备大黄船、大黄船、小黄船、战船、三板船、浮桥船、巡座船、印巡船、巡沙船、哨船等。[①] 宝船厂专门制造郑和船队下西洋的船只。沈啓《南船纪》、李昭祥《龙江船厂志》全面地展现了南京乃至我国明代造船业管理水平、生产能力、工艺和技术盛况。

1645 年，清代豫亲王多铎率军由通济门进入南京城，南明福王小朝廷覆亡。南京在朝代更迭中，被降格为江宁府，但城市并未遭受到战火的破坏，社会秩序很快恢复正常。清代早中期 200 余年间的南京，是江南的政治、经济、军事和文化中心，地位仅次于北京[②]。同时，南京更是一个文化的城市和享乐的城市。据西方人记载："南京居住着文人、学士、舞蹈家、画家、考古家、魔术家、

---

① ［明］李昭祥撰，王亮功点校：《龙江船厂志》，南京出版社 2019 年版，第 25—69 页。

② ［清末民国］徐寿卿著：《金陵杂志续集》序言："中国二十一行省，首推南、北二京，为兵家必争之地，又为官商会萃之区。"载《金陵杂志·金陵杂志续集》，南京出版社 2013 年版，第 165 页。

医生、诗人和名妓。这个美妙的城市中有各流派的学术、艺术和娱乐……在这里，人生的大事就是作诗和恋爱。”① 南京文化于守正中再创辉煌。这里不仅有全国规模最大的科举考场，而且还孕育和诞生了一批传世名作，形成了中国文化史上的又一个高峰。

秦淮河畔的江南贡院（现南京中国科举博物馆）是中国古代规模最大的科举考场，鼎盛时期，

江南贡院

① [法]加勒利、伊凡原著，[英]约·鄂克森佛译补，徐健竹译:《太平天国初期纪事》，上海古籍出版社1982年版，第134页。

来自江南省（江苏、安徽、上海）的考生人数多达2万人以上。从清顺治二年（1645），到光绪三十年（1904）江南贡院共举行了108次乡试，产生解元108名，其中江苏75人（含南京8人），安徽33名。在清朝267年中，全国科举考试共112次，产生114名状元，江南贡院考区独占鳌头，其考生考中状元者就达58名，其中江苏49名，（含南京4人），安徽9人，占整个清代状元总数的一半以上。[①] 从江南贡院走出的名人有吴敬梓、郑板桥、袁枚、方苞、邓廷桢、翁同龢、王韬、张謇、陈独秀等人。

清初戏曲家、小说家和出版家李渔寓居南京，在中华门东构筑芥子园，经营书铺，他一生著作极为丰富，有《闲情偶寄》《笠翁对韵》《笠翁一家言文集》《十二楼》《古今史略》《笠翁传奇十种》等，今人编有《李渔全集》。其中《闲情偶寄》是李渔的代表作，位列“中国名士八大

---

① 徐传德主编：《南京教育史》（第2版），商务出版社2012年版，第153页。

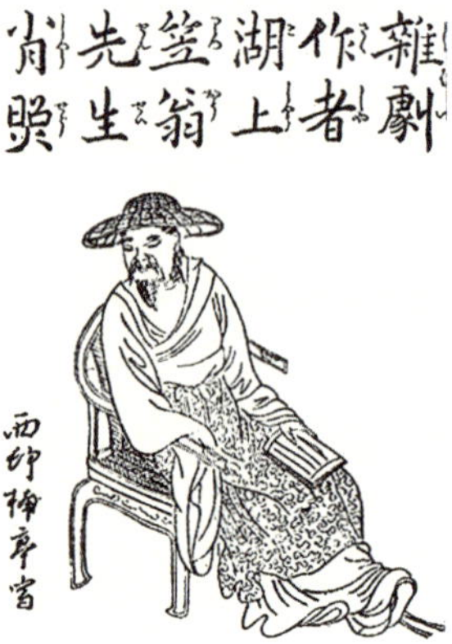

李渔

《闲情偶寄》书影

奇著”之首。他还自建家班，巡回演出，成为当时颇具影响的文化盛事。

清代诗人、戏曲家孔尚任多次到南京寻访南明遗迹，他历时十年，三易其稿，终于写成以明末南京为背景的《桃花扇》传奇。作者以复社文人侯方域和秦淮名伎李香君悲欢离合的爱情故事为线索，结合南明王朝的兴衰，“借离合之情，

孔尚任

写兴亡之感”。故事凄婉伤感，情节缠绵动人，人物栩栩如生。作品一问世便好评如潮，与洪昇的《长生殿》并称为清代戏曲“双璧”。世人将他与《长生殿》作者洪昇并称“南洪北孔”。

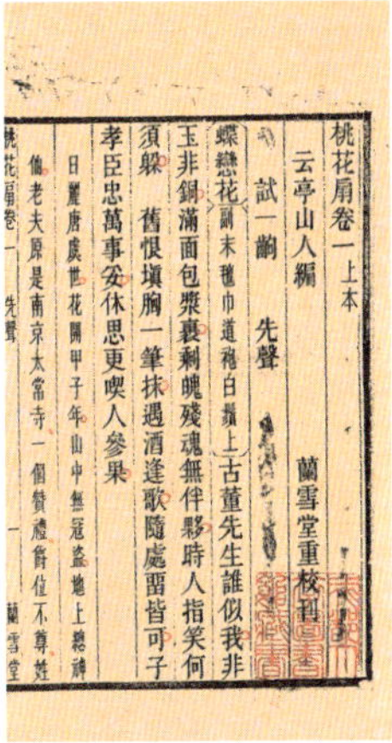

桃花扇卷一　上本

云亭山人編　蘭雪堂重校刊

試一齣　先聲

蝶戀花〔副末氊巾道袍白鬚上〕古董先生誰似我非玉非銅滿面包漿裹剩魄殘魂無伴夥時人指笑何須躲　舊恨填胸一筆抹遇酒逢歌隨處留皆可子孝臣忠萬事妥休思更喫人參果

日麗唐虞世花開甲子年山中無寇盜地上總神

僞老夫原是南京太常寺一個贊禮爵位不尊姓

桃花扇卷一　先聲　一　蘭雪堂

《桃花扇》书影

清代文学家吴敬梓，安徽全椒人。雍正十一年（1733），33 岁的吴敬梓移居金陵，自称“秦淮寓客”，靠卖文度日。著有《文木山房诗文集》《儒林外史》等。他在南京创作的《儒林外史》，

吴敬梓

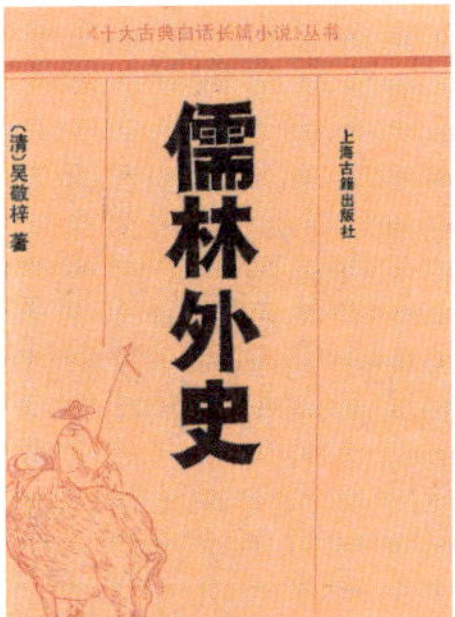

《儒林外史》书影

通过对生活在封建末世和科举制度下的知识分子群体的生动形象的塑造，使该书成为中国古代讽刺文学的典范和中国文学史上批判现实主义的代表作。

曹雪芹

清代小说家曹雪芹曾祖父曹玺、祖父曹寅和父亲曹颙、叔叔曹頫三世四人担任江宁织造，声威显赫，后来被雍正皇帝抄家，遭受灭顶之灾。曹雪芹少年时生活在南京，正是南京经济文化繁盛时期，也是曹家由鼎盛走向衰落的时期，家庭的过山车式变化对其影响巨大。他后来移居北京，创作出不朽的鸿篇巨制《红楼梦》，被公认为是中国古典小说的巅峰之作，与《三国演义》《水浒传》《西游记》并称为中国古代“四大名著”。因当时社会环境和手抄流传的限制，仅保存80回。作者通过对家族兴衰的艺术升华，对封建腐朽的科举制度、等级制度等进行了深入的思考。书中的人物、景点、语言等，在南京均有其原型可寻。

《红楼梦》书影

清朝诗坛“性灵派”领袖袁枚与赵翼、蒋士铨并称“乾隆三大家”。他历任溧水、江宁、江浦县令，后购筑随园于南京小仓山，以著述终老，世称“随园先生”。他在随园诗酒自娱，广交朋友，创作了《小仓山房诗文集》《随园诗话》《随园食单》《子不语》等作品。

袁枚

《随园诗话》书影

方苞

清代文坛上最著名的散文流派——桐城派与南京渊源深厚。桐城派创始人方苞生于江宁府六合县，32岁参加江南乡试中举。桐城派的集大成者姚鼐中年弃官，致力于教书授徒和精研学问，两度担任钟山书院山长，时间长达22年之久。他始终恪守以古文义法传授生徒，提倡为文要“考据、义理、辞章”相济，培养了一批桐城派中坚力量。他在南京还编纂《嘉庆江宁府志》、定稿《古文辞类纂》。其后继者“姚门四杰”中，管同、梅曾亮均为上元（今南京）人，他们共同推动了桐城派的发展和传播。中国近现代史学先驱、儒学宗师柳诒徵曾就读于钟山书院，他在《江苏书院志初稿》中写道：“省会若大，郡多名师，其所造就，尤有可称，省会书院，首推江宁之钟山。”

明清鼎革之际，南京画坛涌现了金陵画派中最具影响力的画家群体——以龚贤为首的“金陵

龚贤《清凉环翠图》

八家”。他们虽然在题材、风格或师承方面不属于同一个绘画流派，但因生活于金陵，相互过从甚密，并著称于画坛，故称“金陵八家”。其中樊圻、胡慥、谢荪为南京人，龚贤、高岑、邹喆、吴宏、叶欣为流寓南京的移民。这些画家隐居不出，潜心作画，风格各异，对后世创作影响深远。同一时期杰出的画家还有髡残（号石溪）、石涛、程正揆（号青溪）、周亮工等，其中髡残、石涛两位僧人画家合称“二石”，髡残与程正揆合称“二溪”。出生于南京状元境的周亮工还撰有《印人传》，记录明清两代印人事迹，是中国历史上第一部为刻印人立传的专著。

清初康熙十八年（1679），在南京诞生了我国流传时间最久、影响范围最广的古代中国画启蒙教材《芥子园画传》，又名《芥子园画谱》《笠翁画谱》《笠翁画传》。该书不仅是中国美术史上的一部奇书，也是中国出版史上第一部用图解方式解析绘画技法的彩色套版图书。[1] 它是芥子园主人李渔授意王概等人在南京编辑刻印，内容涵盖山水、人物、花草、虫禽等内容，从用笔技巧到构图造型的笔墨技法，从创作示范到章法布局，为初学者提供了一套完整的学习方法。它以图谱为主，文字为辅，顺应了中国画的基本规律，更符合文人画的程式要素，因此经久不衰，近现代画坛名家如齐白石、黄宾虹、潘天寿、傅抱石、李可染、陆俨少等，都曾把《芥子园画传》作为学习中国画

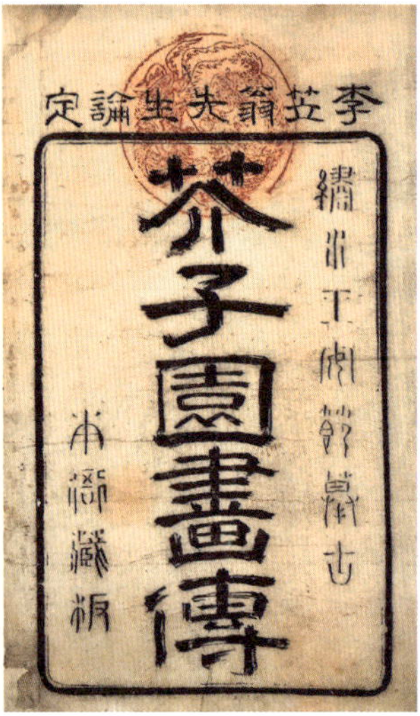

《芥子园画传》书影

① ［清］李渔主编：《芥子园画传》（全 3 册）“出版说明”，江西美术出版社 2011 年版。

的范本。

在宗教方面，回族伊斯兰教学者、南京人刘智所著的《天方至圣实录》《天方典礼》《天方性理》等作品，推动了具有中国特色的伊斯兰教哲学体系的建立和发展。其中《天方至圣实录》被乾隆皇帝御览，成为名著；《天方典礼》被收入《四库全书》中。净觉寺和清凉山扫叶楼成为清代伊斯兰教的学术研究中心。[①]

净觉寺大门

① 南京市地方志编纂委员会办公室主编：《南京民族宗教志》，南京出版社 2009 年版，第 313 页。

地方文献的编纂和研究也颇具亮色。官修志书大量涌现，分为通志、府志、县志和专志四类。通志有：于成龙、王新命等修，张九徵、陈焯编纂的《康熙江南通志》；府志有：陈开虞和于成龙分别纂修的《康熙江宁府志》，尹继善等修、黄之隽编纂的《乾隆江宁府志》，吕燕昭修、姚鼐纂《嘉庆江宁府志》；县志有：刘庆远修、孙宗岱纂《顺治六合县志》，闵派鲁修、林古度纂《顺治溧水县志》，纪圣训修、林古度纂《顺治高淳

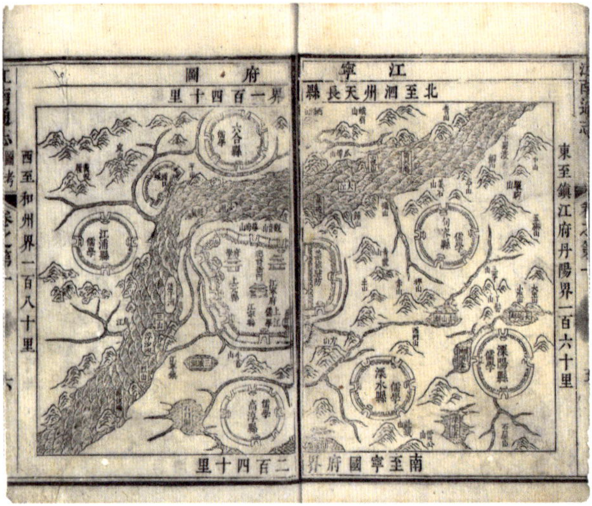

于成龙、王新命等修《康熙江南通志》书影

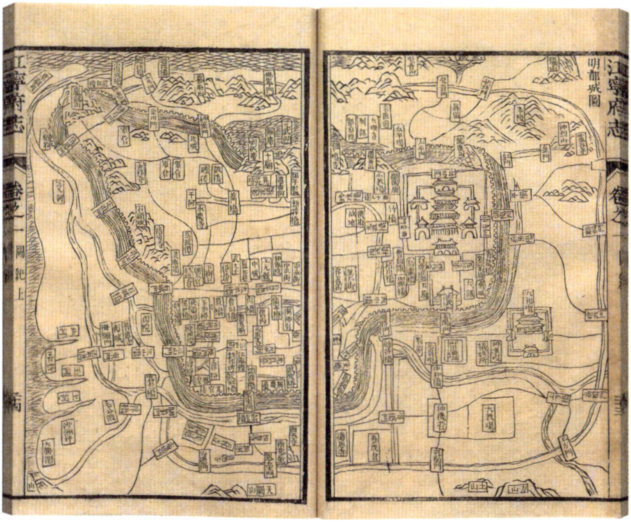

陈开虞《康熙江宁府志》书影

县志》，刘登科修、谢文运等纂《康熙溧水县志》，李斯佺、叶楠等纂修《康熙高淳县志》，洪炜修、汪铉纂《康熙六合县志》，唐开陶《康熙上元县志》，佟世燕修、戴本孝纂《康熙江宁县志》，郎廷泰纂修《康熙重修江浦县新志》，项维正纂修《雍正江浦县志》，苏作睿主修、张简等纂《雍正六合县志》，廖抡升修、戴祖启纂《乾隆六合县志》，蓝应袭修、何梦篆等纂《乾隆上元县志》，袁枚修纂《乾隆江宁县新志》，章攀桂修、凌世御等纂《乾隆溧水县志》，朱绍文修、盛业纂《乾隆高淳县志》，武念祖、陈道垣修和陈栻、伍光瑜等纂《道光上元县志》；专志有汤椿年《钟山书院志》、马士图《莫愁湖志》、释悟明《折疑梵刹志》、甘熙《灵谷禅林志》。私人撰述有余怀《板桥杂记》、顾炎武《建康古今记》、余宾硕《金陵览古》、陈毅《摄山志》、马士图《莫愁湖志》、王友亮《金陵杂咏》、汤濂《金陵百咏》、严观《江宁金石记》、陈文述《秣陵集》、史学海《六

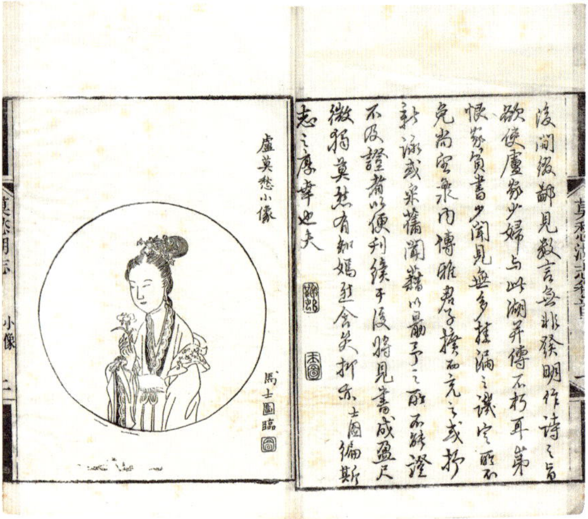

《莫愁湖志》书影

朝故城图考》、刘世珩《南朝寺考》等。

在科技方面，这一时期，中国的棉纺织水平领先于世界，南京本地的纺织品（丝绸、云锦等）畅销全国，尤其是北方地区。南京的棉布以其独特的种类一度是当地手工业的支柱产业，并扬名海内外。[①] 据专家研究，自 16 世纪末至 19 世纪 20 年代，以松江为中心的广大江南地区生产的棉布——“南京布”（因南京为明朝南直隶首府而得名）曾经是中国重要的出口外销货物，在大宗出口商品中输出量居于前列，在广州贸易中经常性地居于茶叶、生丝之后，位居第三，在欧美国家广受欢迎。英国作家狄更斯《大卫·科波菲尔》、法国作家福楼拜《包法利夫人》和大仲马《基督山伯爵》等世界名著中都提到了“南京布”（Nankeenbosom， Nanking Cloth，Nankeen）。“南京布的国际流通是丝绸之路中断后中国对人类服装材料的新贡献，反映出棉花替代丝绸的适体功

①[清末民国]金陵关税务司编：《金陵关十年报告》，南京出版社 2014 年版，第 40—42 页。

用后世界的新选择。”[1]

第六节　晚清民国：南京文化的转型期

1840 年，随着中英鸦片战争的爆发，中国近代史拉开序幕。截至 1949 年 4 月 23 日中国人民解放军占领南京，在前后 100 余年的时间里，南京文化经历了数千年来由传统文化占主导地位到“西学东渐”的历史性转变。

1840 年鸦片战争爆发后，英国侵略者为了达到迫使清政府快速屈服的目的，发动了扬子江战役。1842 年 6 月，英国侵略者以舰船 70 余艘、陆军 1.2 万人，溯长江上犯，准备切断中国内陆交通大动脉——京杭大运河。8 月 4 日，英舰进入南京下关江面。在英国侵略者坚船利炮的威慑之下，为避免英军攻占南京城，控扼中国“漕运咽喉”，清朝钦差大臣耆英、伊里布和两江总督牛

---

① 郭卫东：《丝绸之路续篇：“南京布”的外销》，《浙江大学学报（人文社会科学版）》2017 年第 3 期。

《南京条约》签约场景

鉴妥协退让，委曲求全，于 1842 年 8 月 29 日在南京下关江面英国“康华丽”号战舰上被迫与英方代表璞鼎查签订了中国近代史上第一个不平等条约——《江宁条约》（《南京条约》），内容包括割让香港岛，向英国赔偿鸦片烟价、商欠、军费 2100 万银元，开放广州、福州、厦门、宁波、上海五处为通商口岸，允许英人居住并设派领事等，中国开始沦为半殖民地半封建社会。

1851 年，洪秀全领导的太平军在广西桂平金田村起义，一路势如破竹。1853 年，太平军占领江宁（今南京），改名天京，并定都于此，至 1864 年天京沦陷，太平天国农民政权与清政府分

時局圖
一目了然
不言而喻
西伯利亞
SIBERIA
俄國
北
西
東
南
日本國
JAPAN
THE RISING SUN
JOHN BULL & I
WILL WATCH THE BEAR
太平洋
THE
PHILIPPINE
ISLANDS
BURMAH
FASHODA
COLONIAL
EXPANSION
COCHIN CHINA
BORNEO
版權所有翻刻必究

谢缵泰《时局图》

庭抗礼达11年之久。太平天国信奉拜上帝教，实行神权统治，认为除了上帝之外，一切偶像皆为妖魔。太平天国运动初期，太平军所到之处毁学宫，拆孔庙，捣佛像，查禁焚毁孔孟“妖书”。在后期洪秀全为了巩固其统治，要求“学尧舜之孝弟忠信，遵孔孟之仁义道德”，但为时已晚。太平天国农民政权在定都天京的十余年间，一方面设立删书衙，专事删削“四书五经”；另一方面，设立刷书衙，负责印刷书籍、文告等。《天朝田亩制度》《太平礼制》《建天京于金陵论》《资政新篇》等现在所知的51种官书及公文、告示、田凭等，都是在天京印刷出版的。[1] 从1853年至1862年太平天

西方人绘制的洪秀全

①马伯伦主编:《南京建置志》，海天出版社1994年版，第201页、第204页。

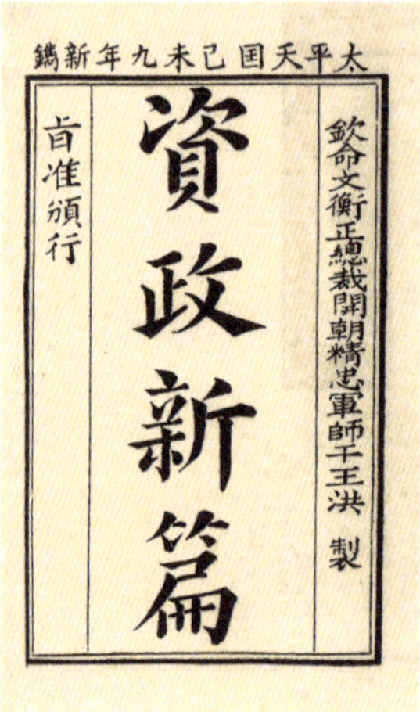
太平天国己未九年新鐫
欽命文衡正總裁開朝精忠軍師干王洪 製
資政新篇
旨准頒行

洪仁玕《资政新篇》刻本书影

国共举行10次京考。特别是1853年还开设女科，专门选拔女性人才，突破了中国古代传统科举制度对女性的限制。太平天国癸好三年（1853），南京籍女子傅善祥中式状元，成为中国1000多年科举史上首位、也是唯一的女状元。

太平天国鼎盛时期，军力曾经发展到数百万之众，势力遍及18省，攻克了600多座城镇。可是，到了后期，在清军的围追堵截面前，太平军被迫退缩到天京城内外地区，在与清军多次交战中，南京及周边地区饱受战火兵燹，到处是残垣断壁，满眼是凄凉疮痍。明故宫、明孝陵、大报恩寺琉璃塔均在劫难逃。毋庸置疑，太平天国农民政权极大地动摇了清王朝的统治基础，加速了清王朝的灭亡，但同时也彻底打断了南京历史的发展进程。

19世纪60—90年代，针对中国面临的“数千年来未有之变局”和“数千年来未有之强敌”[1]，清朝洋务派进行了一场以引进西方军事装备、机器生产和科学技术来挽救清朝统治的自救运动，史称“洋务运动”。1861年，两江总督曾国藩创办安庆内军械所，1864年迁到南京，称金陵内军械所，由徐寿、华蘅芳和徐建寅在南京长江边成功研制出我国第一艘蒸汽机轮船“黄鹄”号并试航成功。1865年，署理两江总督李鸿章将苏州洋炮局迁到南京，创办金陵机器制造局，专门制造枪炮。1890年，两江总督兼南洋大臣曾国荃经海军衙门批准，在南京创立江南水师学堂，专门培养海军人才。1896年，两江总督兼南洋大臣张之洞创办了江南陆师学堂及矿路学堂。1897年，为了遏制大量外国银元的涌入，维护清政府金融秩序，两江总督刘坤一创办江南铸造银元制钱总局，

---

① [清]李鸿章：《筹议海防折》（同治十三年十一月初二日），收入雷颐著《李鸿章与晚清四十年》，山西人民出版社2008年版，第284—285页。

金陵机器制造局制造的枪炮

江南水师学堂学生在桅杆上操练的场景

等等，这一时期的“西学东渐”以模仿西方兵工、培养军事人才及学习西方科技为特征，促进了我国军事科技的近代化进程。与此同时，西学东渐也体现在西方输入宗教、医学、教育等方面，由西方人创办的教堂、医院和培养新式人才的教会学校陆续在南京建立，如石鼓路天主堂、四根杆子基督教汉中堂、太平南路基督教圣保罗堂、基督医院、明德书院、汇文书院、基督女书院、基督书院、益智书院、畲清女校等。

杨仁山

1866年，著名学者杨仁山居士（1837—1911）在南京创立金陵刻经处（今淮海路35号），首刻《净土四经》，“为近世佛教重光之始”[①]。此后共刻印流通经典百万余卷，藏版3万—4万块，印刷佛像十余万张。他还通过日本著名佛学研究学者南条文雄博士，从日本搜得中国失传的佛典经疏300余种，择要刻印了3000多卷，使三论宗、唯识宗、华严宗等重要佛教宗派的教义重新昌明。他以刻印、流通经典为基础，进而兴办佛教学堂——祇洹精舍和佛学研究会，兼及佛教义理研究和人才培养，实现弘法利生的理想。有《杨仁山居士全集》传世。晚清著名学者陈三立、

① 赵朴初：《金陵刻经处重印经书因缘略记》，载《百喻经》，金陵刻经处2004年重印。

梁启超、谭嗣同、章太炎等都同他有密切的交往。1914年，鲁迅先生曾出资委托金陵刻经处刻印《百喻经》，亲自断句，赠送亲友。金陵刻经处是近代中国第一家由私人创办的融雕版、印刷、流通及佛学研究于一体的佛学机构，经欧阳渐、释太虚、吕澂、赵朴初几代信士传承，这一近现代佛教振兴的策源地，至今仍是传统雕版印刷技艺的继承者与守护者。有专家认为："它与敦煌石窟、龙门石窟、云冈石窟共同成为保存中国佛教文化的'四壁'。"①

谭嗣同《仁学》书影

戊戌变法前，"六君子"之一的谭嗣同以候补江宁知府身份来到南京，在寓居金陵刻经处期间，写就哲学著作《仁学》一书，该书融汇了经史子集之学、儒

① 伍贻业：《近代南京宗教》，载沈嘉荣主编《南京史话（下）》，南京出版社1995年版，第91—93页。

墨道佛耶之学等，反对清朝专制统治，抗议民族压迫，希望建立平等世界。在当时的著述中，《仁学》最称激进，被邹容称为“维新运动的《圣经》”。

《同治上江两县志》书影

陈作霖

官修志书延续传统，如莫祥芝、甘绍盘合纂《同治上江两县志》，蒋启勋、赵佑宸修，王士铎等纂《光绪续纂江宁府志》，以及《光绪六合县志》《光绪江浦埤乘》《光绪溧水县志》《光绪高淳县志》《宣统高淳县乡土志》等。私修史志也不乏佳作，如甘熙《白下琐言》《灵谷禅林志》、陈作霖《金陵通纪》《金陵通传》《金陵琐志五种》、胡恩燮《白下愚园集》、顾云《盋山志》，以及徐鼒、

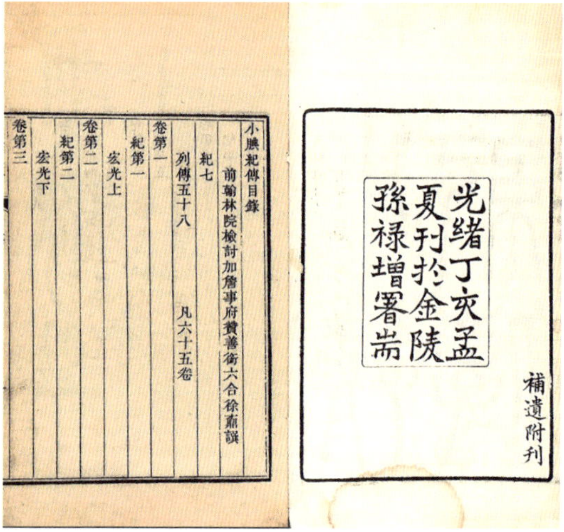

清光绪年间金陵刻印《小腆纪传》书影

徐承礼父子所撰《小腆纪年》等，代表了清代晚期地方历史文化编纂和研究的学术成就。而江南图书馆馆长缪荃孙主持编纂的《江南图书馆善本书目》，开创我国近代图书馆编制善本书目之先河。

从 1853 年美国传教士罗孝全拜访太平天国首都天京（今南京）到 1949 年新中国成立的约 100 年时间里，南京曾是基督教在中国传教的中心。南京的基督教会隶属于大约 18 个外国差会、21 个教会组织，拥有教堂和聚会点（包括郊县）60 余所，

金陵神学院

外国传教士150多名。[1]设于南京大铜银巷17号(原大铜银巷13号)的金陵神学院是外国基督教会为了培养宗教人才，兴办教会，在中国创办的历史最长、投资最多、规模最大的教会学校。[2]

1899年春，南京作为通商口岸正式实现对外

① 伍贻业：《近代南京宗教》，载沈嘉荣主编《南京史话（下）》，南京出版社1995年版，第97—98页。

② 诚质怡：《我所知道的金陵神学院》，收入江苏省政协文史资料委员会编《江苏文史资料集萃·社会卷》，1995年内部印刷本，第365页。

贸易开放[①]，外国商人、传教士和游客等各类人士随之蜂拥而来，南京段长江两岸尤其是下关一带，海关、商铺街、大马路、二马路、邮局、饭店、车站、码头、工厂等陆续修建起来。1900年义和团运动爆发后，八国联军乘机发动侵华战争，攻入北京城。次年，清政府被迫签订丧权辱国的《辛丑条约》。同年，清政府宣布实行新政，学习西方成为一股潮流，南京也汇入这一洪流之中。

李瑞清

1902年，署理两江总督张之洞于北极阁之南筹办三江师范学堂，1904年正式招生入学，首任总办（校长）杨觐圭。它是清末实施教育新政后规模最大、设计最新的一所师范学堂，也是中国近代师范学堂之嚆

①［清末民初］金陵关税务司编：《金陵关十年报告》，南京出版社2014年版，第1页。

两江优级师范学堂

矢。学堂模仿当时的日本教育体制，以“中学为体、西学为用”为办学方针。1906年，三江师范学堂改名为两江优级师范学堂，李瑞清担任监督（校长）。[1]1911年武昌起义后因战事停办。在李瑞清的主持下，该校发展为东南第一学府，培养出一批优秀人才。今天的南京大学和东南大学即源于此。1907年，两江总督端方奏请清廷许可，在龙蟠里惜阴书院旧址建藏书楼，并委派四品卿衔翰林院编修缪荃孙为图书馆总办（相当于馆长）、

① 王德滋主编：《南京大学百年史》，南京大学出版社2002年版，第7—24页。

两江总督端方与江南图书馆

江浦县学谕陈庆年为坐办（相当于副馆长）。该馆搜集、珍藏宋、元、明、清秘籍珍本、名家批校本、精抄本共达5万余册。1910年9月21日正式对开馆，定名为江南图书馆，它是中国第一座公共图书馆。今天的南京图书馆即源于此。

1904年2月16日（正月初一）出版的《南洋官报》是南京最早发行的报刊，由两江总督兼南洋通商大臣衙门创办，南洋官报局出版，开始时每十天发行一期，后来改为旬刊和5日刊。1904年8月1日，南京开始出现日报，但持续了很短一段时间后就中断了。南洋劝业会期间出版的《劝业日报》，自1910年4月29日开始发行，至12月16日停刊，该报集中报道展会和当地新闻。此外，在1912年元旦民国成立前，南京还出现了《咨议局会期日刊》《金陵杂志》《兵事杂志》《艺林月报》等报刊。[①]

鸦片战争后，随着各地通商口岸的对外开放，大量外国商品涌入，造型新奇、功能优越、使用便利的“洋货”受到广大民众的普遍青睐和欢迎，很快占领中国的广大市场，由城市扩张到城镇和乡村。据清朝光绪末年成书、宣统辛亥（1911）六月刊行的《炳烛里谈·洋字先兆》记载：“道光年间，凡物之极贵重者，皆谓之洋。重楼曰洋楼，彩轿曰洋轿，衣有洋绉，帽曰洋筒。挂灯名为洋灯，火锅名为洋锅。细而至于酱油之佳者，名呼洋秋油；颜料之鲜明者，亦呼洋红、洋绿。大江南北，莫不以洋为尚。洋乎、洋乎，岂非今日之先兆乎？”[②]我国传统的生活方式随之改变，进而加速我国传统社会节日、礼仪、服饰、习俗等方面的变革。

---

①[清末民国]金陵关税务司编：《金陵关十年报告》，南京出版社2014年版，第80—81页。

②[清末民国]陈作霖：《炳烛里谈》，见陈作霖、陈诒绂《金陵琐志九种》，南京出版社2008年版，第307页。

孙中山

1911年辛亥革命爆发，敲响了清王朝的丧钟。1912年元旦，孙中山在南京宣誓就任中华民国临时大总统，结束了延续两千多年的封建帝制，创建了我国历史上第一个资产阶级共和国——中华民国，颁布了中国第一部资产阶级宪法——《中华民国临时约法》。南京临时政府构建了中国现代国家

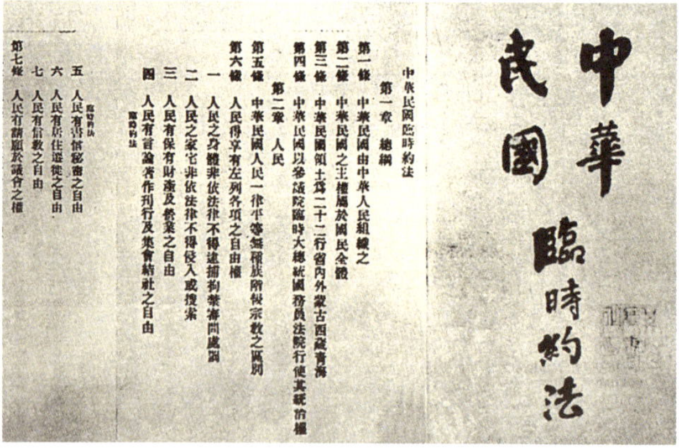
中華民國臨時約法

中華民國臨時約法

第一章 總綱

第一條 中華民國由中華人民組織之

第二條 中華民國之主權屬於國民全體

第三條 中華民國領土為二十二行省內外蒙古西藏青海

第四條 中華民國以參議院臨時大總統國務員法院行使其統治權

第二章 人民

第五條 中華民國人民一律平等無種族階級宗教之區別

第六條 人民得享有左列各項之自由權

一 人民之身體非依法律不得逮捕拘禁審問處罰

二 人民之家宅非依法律不得侵入或搜索

三 人民有保有財產及營業之自由

四 人民有言論著作刊行及集會結社之自由

臨時約法

五 人民有書信秘密之自由

六 人民有居住遷徙之自由

七 人民有信教之自由

第七條 人民有請願於議會之權

《中华民国临时约法》（局部）

的雏形，确立了建立现代中国的基本原则，开启了我国从封建社会走向现代国家的征程，从此，“皇帝”一词成为历史的陈迹。孙中山就职临时大总统的同时，宣布采用世界上通行的阳历纪年，并将当年的阳历1月1日（农历十一月十三日）定为元旦（新年）。在短短三个月的任职期间，孙中山发布了大量的通告，下令废除许多封建陋习，如禁烟、禁止赌博、禁止鸦片、禁止缠足、剪辫子、自由婚姻等，从此，中国男子留辫子、女子裹小脚的恶习得到根本改观；老爷、大人、奴才、小人等反映人身依附关系和社会等级秩序的词语被扔进了历史的垃圾堆；流行数千年的跪拜礼也被鞠躬礼所取代；含有等级、地位区分功能的服饰向无等级秩序的中山装、西装等多元化服装演变。但这一切并未能改变中国半殖民地半封建社会的性质。

从1912年3月10日袁世凯在北京就任临时大总统起，到1928年奉系军阀退出北京城止，这一段时期为北洋政府时期，南京先后扮演了留守府、都督府、督军署、副总统府、宣抚使署、五

张闻天

省联军总司令部等所在地的角色。由于连年的军阀混战，南京这座古老的城市，不时地被卷入战争漩涡之中，城市发展步履维艰。值得注意的是，1918 年第一次世界大战结束后，次年在我国爆发了轰轰烈烈的五四运动，科学与民主的思想深入人心。时在南京河海专门工程学校读书的张闻天，于 1919 年 8 月 19 日至 21 日，在《南京学生联合会日刊》第 50 期、51 期、52 期上连续发表了《社会问题》一文，马克思主义从此在南京传播开来。这与中国最早传播马克思主义的李大钊于 1919 年 5 月、11 月在《新青年》上分两次发表《我的马克思主义观》一文几乎同时面世。[①]

① 崔巍：《张闻天 1919 年在中国传播马克思主义》，《档案与建设》2021 年第 6 期，第 73 页。

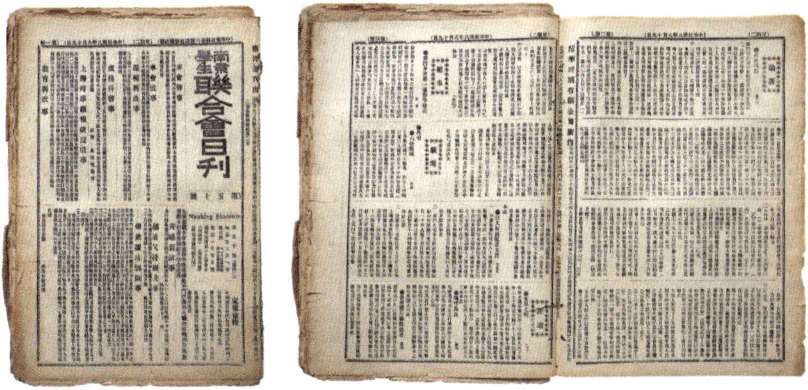
南京學生聯合會日刊

《南京学生联合会日刊》发表张闻天《社会问题》一文（邓攀摄）

1927年4月18日，蒋介石在南京建立国民政府，一方面继续派兵北伐，以实现全国的统一；另一方面，着手进行首都建设，南京出现了继六朝、南唐、明初以来的第四次建设高潮。1931年日本发动侵华战争，改变了中国历史的发展方向，也改变了南京的发展进程。1937年12月13日南京沦陷，日军进行了长达六个星期的血腥大屠杀，民国首都南京成为中国人的伤感之地。经过中国人民艰苦卓绝的14年抗战，至1945年8月15日，日本宣布无条件投降。1945年9月9日上午9时，中国战区日本投降签字典礼在南京中国陆军总司

中国战区日本投降签字仪式会场外景

令部大礼堂举行，日军在南京签订城下之盟，南京成为胜利之都。民国南京载浮载沉，既饱受战火的侵扰和蹂躏，更创造了一个又一个辉煌和奇迹，可谓集辉煌荣耀与酸楚泪水于一身，融动乱纷扰与和平安宁于一体。

民国38年中，1927—1937是其黄金时代，俗称“黄金十年”。民国年间的南京文化，主要亮点体现在城市规划、科学研究、传统文化研究和教育等方面。

1928年1月，鉴于首都南京是中外观瞻之所系，为提升南京的城市形象，将南京建成世界上一流大都市，国民政府专门成立了首都建设委员会，由蒋介石担任委员会主席，孙科和孔祥熙分别担任工程建设组主任和经济建设组主任。在首都建设委员会下面设立了国都设计技术专员办事处，负责制订《首都计划》，并聘请美国建筑师墨菲、古力治为顾问，以期借鉴国外城市建设成功的经验和失败的教训。1929年12月31日，《首都计划》正式公布，其内容包括史地概略、百年后的人口预测、首都界限、中央政治区地点、市行政区地点、建筑形式、道路系统、水道改良、路面、市郊公路、公园和林荫大道、交通管理、铁路与车站、港口与飞机场、自来水与电厂、排水系统、市内交通设备、电

墨菲

线与路灯、公营住宅、学校、工业、浦口开发计划，以及实施程序、款项筹集等方面，并附有各类地图、模型图、设计图、效果图、照片等将近70幅。《首都计划》的制订，使南京成为我国第一座按照国际标准，运用西方都市的现代功能、技术，采用棋盘格和放射状规划模式，进行综合分区规划的城市，奠定了现代南京城市布局的基本框架。其中“建筑形式之选择”一章，明确指出南京的建筑“要以采用中国固有之形式为最宜，而公署及公共建筑物，尤当尽量采用”。这一规定，深深

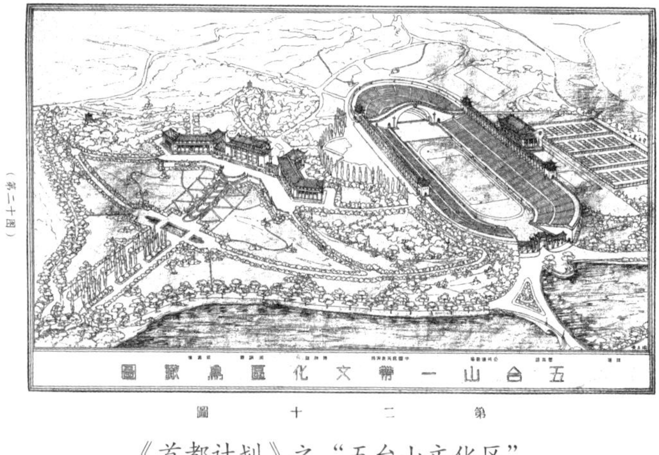

第二十圖

《首都计划》之“五台山文化区”

地影响到南京近代建筑的风格，以建筑大师吕彦直设计的中山陵为代表的南京近代建筑融会南北，参合中外，承上启下，在中国建筑史上占有重要地位。

在科学研究方面，由胡明复、赵元任、周仁、秉志、任鸿隽、杨杏佛、过探先、章元善、金邦正9人于1914—1915年间在美国发起成立的中国科学社，以任鸿隽为首任社长，宗旨是“提倡科学，鼓吹实业，审定名词，传播知识”，同时创办《科学》杂志。1916年在南京建立支社。1918年10月，总部迁到南京，直到1931年总部迁到上海新址为止。中国科学社在南京的12年，为中国近代科学事业的发展作出了巨大贡献。它在普及科学知识、创立科研机构、集成科研群体，以及推动近现代高等教育的发展等方面起到了积极作用。[1]

1928年，国民政府设立最高学术研究机构

---

① 顾金亮：《中国科学社与南京——代校注者前言》，载中国科学社编，顾金亮、吴德广校注：《科学的南京》，东南大学出版社2014年版，第1—26页。

中央研究院首任院长
蔡元培

国立中央研究院更是意义重大。该院任务主要有两方面：一是实行科学研究；二是指导、联络、奖励学术研究。设有特任级院长 1 人，其下设行政、研究、评议三机构。1928 年 6 月，中央研究院（由大学院分化而成）成立后，陆续按学科分科设置各研究所，到 1937 年全面抗战爆发时为止，已设立物理、化学、工程、地质、天文、气象、历史语言、心理、社会科学及动、植物十个研究所。理、化、工三研究所设在上海，其余各所均设于南京，并在南京成贤街旧法制局内设立总办事处（北极阁新址落成后，办事处迁往新址办公），以办理全院一般行政事宜。抗战期间，中央研究院各研究所分设于重庆、北碚、李庄、昆明四区。抗战胜利后，数学研究所筹备处、物理研究所、化学研究所、动物研究所、植物研究所、医学研究所筹备处、工学研究所、心理学研究所八单位，暂设于上海，

中央研究院总办事处大楼旧影

总办事处及天文、地质、气象、历史语言、社会科学五个研究所，共六单位，设于南京。中央研究院的首任院长是蔡元培，继任院长为朱家骅。总干事先后为杨杏佛、丁文江、朱家骅、任鸿隽、傅斯年、叶企孙、李书华、萨本栋和钱临照。中央研究院设有学术评议会，为中华民国最高学术评议机构。1935 年 6 月 19 日，举行第一届评议会。1948 年 3 月 27 日，中央研究院第二届评议会第五届年会选举产生第一届院士 81 人。1949 年 10 月，中央研究院留在大陆的各机构都被中华人民共和国中国科学院接收。

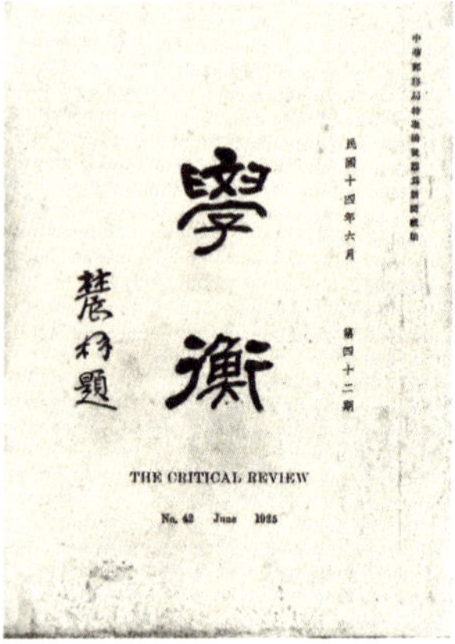

《学衡》书影

在学术研究方面，因《学衡》杂志而得名的学衡派名著一时。1922 年 1 月，梅光迪、吴宓、胡先骕、柳诒徵等人，在当时的国立东南大学发起创办了《学衡》杂志。其宗旨是“论究学术，阐求真理，昌明国粹，融化新知，以中正之眼光，行批评之职事，无偏无党，不激不随”。《学衡》杂志从 1922 年创刊到 1933 年停刊，共出版 79 期。学衡派代表人物大多留学过欧美，他们以中华传统文化守望者自居，在新文化运动中持保守主义立场，以《学衡》为阵地，反对全盘否定传统文化，主张维护儒家文化；攻击新文化运动，反对全盘西化；反对废除文言文，但并不排斥白话文；反对文学革命，但并不反对改良文学。学衡派坚持整理、继承中国传统文化，对传统文化进行创造性研究，至今仍具有积极意义。

民国南京涌现出了一批现代化的文博场馆、图书馆、学校和幼儿园，如中央地质调查所地质矿产陈列馆、国立中央博物院筹备处、国立编译馆、国史馆、国立美术陈列馆、国立中央图书馆、国立中央大学、金陵大学、金陵女子大学、河海工程专门学校、晓庄师范学校、南京高等师范附属中学、南京第一中学、力学小学、晓庄师范附属小学、鼓楼幼稚园、燕子矶幼稚园等。它们在

晓庄师范学校旧影

传播科学文化知识、推进学术研究、促进社会进步、培养各类人才等方面发挥了积极作用。

近代以来，南京在中国文坛一枝独秀。朱绪曾《金陵诗征》、陈作霖《国朝金陵诗征》《续金陵诗征》全面展现“诗国”南京成果自不必说。随着 1899 年南京开埠，鲁迅、周作人、巴金、胡风、曹禺、朱自清、俞平伯、张恨水、张爱玲、阿垅、郭沫若、余光中、周而复，以及美国著名女作家赛珍珠等文坛大家都先后在南京求学、教学、游历或生活。朱自清《桨声灯影里的秦淮河》《背影》、巴金《死去的太阳》、倪贻德《玄武湖之秋》、赛珍珠《大地》、曹禺《原野》、张恨水《秦

东水关公园内的朱自清、俞平伯雕塑

淮世家》《丹凤街》、张友鸾《魂断文德桥》、黄裳《金陵五记》、程先甲《金陵赋》、路翎《云雀》、郭沫若《南京印象》，以及唐圭璋《全宋词》或是在南京创作，或是以南京为背景创作。

以南京大屠杀为主题和题材的报告文学、日记、回忆录、小说等作品，从不同视角记录了侵华日军在南京犯下的滔天罪行和南京人民经历的黑暗和苦难，形成了现代中国独有的“战争文学”。其中代表作有英国《曼彻斯特卫报》驻北京记者田伯烈（H.J.Timperly）的《外国人目睹中之日军暴行》，南京安全区国际委员会主席、德国西门子公司驻南京办事处经理拉贝（John

拉贝雕像

《拉贝日记》书影

H. D. Rabe）的《拉贝日记》（又名《敌机飞临南京》），金陵女子文理学院教务主任、美国传教士魏特琳（Minnie Vautrin）的《魏特琳日记》，参与南京大屠杀的日本士兵东史郎的《东史郎日记》，金陵女子文理学院舍监、时任南京安全区第四区（金陵女子文理学院难民所）卫生组组长程瑞芳的《程瑞芳日记》，南京大屠杀幸存者蒋公穀《陷京三月记》、郭岐《陷都血旧录》、李志痕《沦京五月记》、陶秀夫《倭寇祸京始末记》、陆泳费《丁丑劫后里门见闻录》、钮先铭《佛门避难记》，以及作家阿垅《南京》（出版时改名《南京血祭》）等。

地方文献的研究和整理在继承中有所创新。采用传统方法编纂出版的成果有王焕镳《首都志》《明孝陵志》，胡祥翰《瞻园志》《金陵胜迹志》，傅焕光《总理陵园小志》，张惠衣《金陵大报恩寺塔志》，刘春堂修、吴寿宽纂《民国高淳县志》，陈诒绂《石城山志》，严伟《南汤山志》，汪訚《覆舟山志》，夏仁虎《秦淮志》《玄武湖志》，龚心铭《浦口汤泉小志》，以及徐寿卿《金陵杂志》

《续金陵杂志》，潘宗鼎《金陵岁时记》《扫叶楼集》，张通之《白门食谱》，缪荃孙《秦淮广记》，王猩酋《雨花石子记》，卢前《冶城话旧》《东山琐缀》，南京市政府秘书处《新南京》等。采用现代实地调查和文献相结合方法的研究成果有张璜《梁代陵墓考》，中央古物保管委员会编辑委员会《六朝陵墓调查报告》，朱偰《金陵古迹图考》《金陵名胜古迹影集》等。

《首都志》书影

20世纪20年代，曾任江南图书馆（又名国学图书馆）馆长、中央大学教授柳诒徵在南京开始《中国文化史》的写作，1947年公开出版。此书确立了中国文化史的历史地位，同时确立了文化史写作的基本框架。20世纪30年代，词学家、中国古典文学研究家唐圭璋在南京编写《全宋词》，

《中国文化史》书影

《全宋词》书影

1940 年公开出版。全书共收录宋代词人 1330 家，词作 21116 首，与清代的《全唐诗》一起，并称中国文学的“双璧”。历史学家罗尔纲撰写的《太平天国史纲》，1937 年由商务印书馆出版，该书是系统研究太平天国运动的第一本专著。

民国年间，由南京国立音乐院师生吴文季等人采集、整理和改编的西康民歌《康定情歌》（原名《跑马溜溜的山上》，又名《溜溜调》）和新四军战士何仿在六合金牛湖畔采集整理改编的民歌《好一朵茉莉花》（原名《鲜花调》）从南京飞向全国，传遍世界，分别被誉为当代“中国第一情歌”和中国民歌的代表作。

新闻出版方面发展速度惊人。1913—1922年间，南京创办的报刊只有《新中华报》日刊、《大江南》报日刊、《南方日报》、《大中华报》日刊、《宁报》日刊、《建设日报》日刊等10种，发行量只有150—1600份，主要集中报道当地新闻。[①]到1933年时，南京有中央日报社、新京日报社、中国日报社、新民报社、南京晚报社、南京人报社、南京日报社等报社29家，社会杂志社、妇女共鸣社、时事月报社、政治评论社、国民外交杂志社、现代生活社、交通杂志社、金陵神学志社、法学丛刊社等杂志社39家，不仅种类繁多，而且内容广泛。此外，还有中央通讯社、日日新闻社、南京通讯社、远东新闻社、时事电讯社、长江通讯社、中国电讯社等新闻通讯社48家，中央党部印刷所、南京印刷公司、大陆印书馆、京华印书馆、金陵印刷公司、中国印刷厂、新华印书馆、南京印书

① [清末民国]金陵关税务司编：《金陵关十年报告》，南京出版社2014年版，第111—112页。

馆等印刷企业 31 家。[1]

社会风俗在继承中也有所创新。1934 年，国民党在全国开展新生活运动，提倡纪律、品德、秩序、整洁等，“礼义廉耻”（四维）是其中心思想，“生活艺术化、生活生产化、生活军事化”（三化）是其行动指引。蒋介石希望从人民的基本生活开始，革除陈规陋习，提升公民素质，以达到

南京历史上的第一次集团婚礼（1935 年 10 月 10 日）

① [民国]南京市市政府秘书处编：《新南京》，南京出版社 2013 年版，第 132—133 页、第 155—159 页。

所谓“救国”和“复兴民族”的目标。1935 年 10 月 10 日，在励志社举行了南京历史上第一次集团结婚（即集体婚礼），这是继 4 月 3 日上海举行中国首次集团结婚之后的又一次重大集体婚礼活动。参加这次集体婚礼的每对新人平均花费不超过 60 元，官方花费约为 1000 元。此后，集体婚礼在全国进一步推广开来。

清末民国的南京文化还有一大特色，这就是由地理上的拥江城市演变为科技上的拥江发展城市。工业是一个高度依赖科技发展的行业，随着 19 世纪 30—40 年代英国工业革命的基本完成，西方科技源源不断地输入我国，南京境内长江南北两岸，先后涌现出浦镇机厂、和记洋行、中国水泥厂、首都电厂、首都水厂、永利铔厂、江南水泥厂、中国化工厂、胜昌机器厂、大同面粉厂等一批工业企业，标志着南京由农耕文明向工业文明的迈进。

第三章　南京文化的特质

南京文化源远流长，内涵丰富，汇古今中外于一体，熔东西南北于一炉，具有多元一体的属性。从内容上看，包含思想、宗教、文学、艺术、史学、科技、教育、民俗等；从时段上看，囊括了北阴阳营文化、湖熟文化、六朝文化、南唐文化、明文化、清文化、民国文化等；从种类上来看，涵盖了金陵文化、古都文化、钟山文化、秦淮文化、石城文化、绿色文化、和平文化等，同时吸收融合了吴越文化、荆楚文化、运河文化、江南文化、北方文化和海外文化等，可谓包罗万象，气象万千，具有博大精深的内涵和宏大磅礴的气魄。南京文化堪称不同领域、不同时代、不同种类文化的综合体，它的发展变化在某种程度上折射了中华文明的变迁。[1] 南京文化在漫长的历史演进中，形成了勇于创新、海纳百川、坚忍不拔、崇文尚读、开放进取和舍生取义等多元的特质。

第一节　勇立潮头的创新精神

创新是一个民族的灵魂，是一个国家兴旺发达的不竭动力。千百年来，南京文化在中国文化史上创造了一个又一个奇迹，涌现出一座又一座高峰。

南京文化的创新精神首先体现在敢为人先，勇于弄潮。南京在中国文化史上创造了众多的“第一”。如，第一部文学评论著作《文心雕龙》、第一部诗歌评论著作《诗品》、第一部绘画理论作品《画品》、现存最早的诗文总集《昭明文选》、现存最早的以女性为题材的诗歌总集《玉

---

① 卢海鸣：《长江与南京文化的关系》，载曹劲松、卢海鸣主编《南京学研究》（第三辑），南京出版社 2021 年版，第 26—27 页。

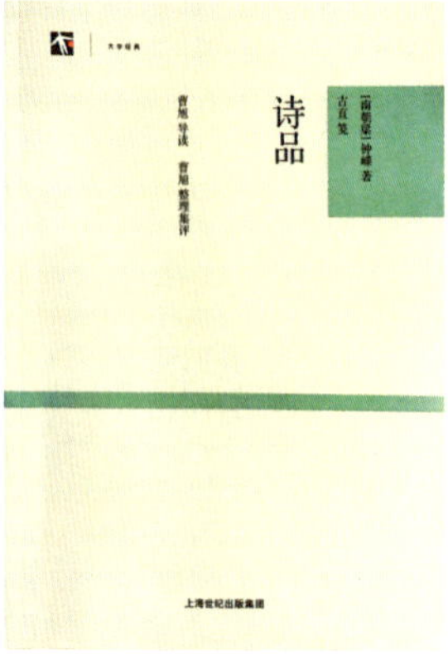

《诗品》书影

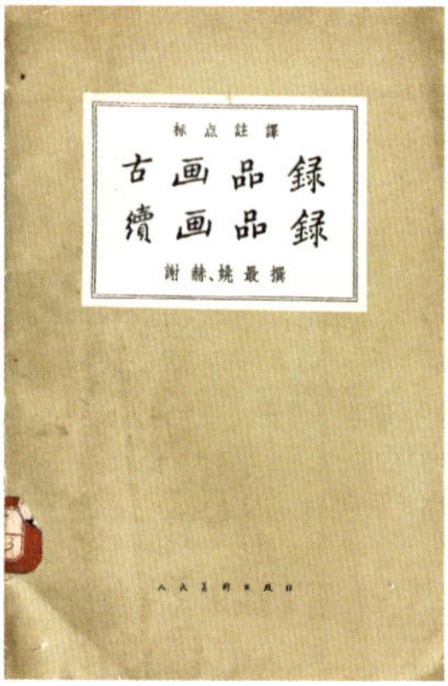

《古画品录》书影

台新咏》、第一部儿童启蒙读物《千字文》、第一部刻印人专著《印人传》、中国古代小说中的第一部讽刺之作《儒林外史》、第一部集宋词大成之作《全宋词》、第一座国家档案馆（库）——玄武湖黄册库、第一座公共图书馆——江南图书馆、第一个生物研究所——中国科学社生物研究所、第一个天文研究所——国立中央研究院天文研究所、第一个气象研究所——国立中央研究院气象研究所、第一个现代化的天文台——紫金山天文台、第一个现代化的气象台——北极阁气象台、第一批院士——中央研究院院士、第一所分

国立中央研究院气象研究所旧影

河海工程专门学校旧影

科大学——南朝“四学馆”、第一所师范学堂——三江师范学堂、第一所专门培养高级水利技术人才的高等学府——河海工程专门学校、第一所牙医专科学校——国立牙医专科学校、第一所公立盲哑学校——南京市立盲哑学校、第一所以探索中国化幼儿教育为目的的幼儿园——鼓楼幼稚园、第一所农村幼儿园——燕子矶幼稚园等，都是在南京孕育或诞生的。六朝时期的数学家祖冲之是第一个将圆周率精确到小数点之后第七位数字的数学家，直到1000年后才被15世纪的阿拉伯数学家阿尔·卡西（al-Kashi）和16世纪的法国数学家维叶特（Vieta）所超越；同时，祖冲之求出的用两个分数来表示圆周率近似值的密率——$\pi=355/113$，是分子、分母都在一千之内的圆周率最佳渐近分数，直到16世纪，荷兰工程师安托尼兹（Anthoniszoon）和德国数学家鄂图（Otto）才得出相同的数值。

南京文化的创新精神其次体现在创新形式，别创新格。我国古代关于诗歌声律的“四声八病”说就诞生于南京，南朝音韵学家周颙创立的以平上去入制韵的“四声说”与文史学家沈约提出的“八病”必须避免之说，为唐代格律诗的产生和发展奠定了基础。六朝的山水诗开创了我国历史上一派独特的诗风，都城建康成为山水诗的大本营。五代十国中的南唐，诗词独步天下，开创了一代文学之风，南唐都城江宁（今南京）成为宋词的一个重要源头，以中主李璟、后主李煜和宰相冯延巳造诣最深。明代胡正言“十竹斋”刻印的《十竹斋书画谱》《十竹斋笺谱》，运用饾版与拱花多色套印技术，不仅是中国水印木刻版画的巅峰之作，更是世界印刷史的两大发明，对日本浮世

《十竹斋书画谱》书影

《芥子园画传》书影

绘乃至近代西方艺术都产生了较大影响。

南京文化的创新精神还体现在树立典范,独领风骚。明朝永乐年间在南京编纂的《永乐大典》，是我国古代辑录最为广博、内容最为丰富的大型类书，被英国《大不列颠百科全书》称为“世界有史以来最大的百科全书”，300年后清代乾隆年间编纂的《四库全书》就是直接受到《永乐大典》的影响。清初孔尚任以南明福王小朝廷为背景创作的《桃花扇》，结局打破才子佳人大团圆的传统模式，“借男女之情，写兴亡之感”。清初王概等人在南京芥子园编写的《芥子园画传》是我国流传时间最久、影响范围最广的中国画启蒙教材。从小在南京长大的曹雪芹，移居北京后，在所创作的《红楼梦》中，有很多南京的原型，该书的思想性和艺术性达到了我国文学史上的巅峰。清代中期吴敬梓在南京秦淮水亭寓所创作的《儒林外史》被鲁迅先生称为我国古代讽刺小说的开山之作。由《世说新语》《昭明文选》《文心雕龙》《红楼梦》四部作品形成的“世说学”“选学”“龙学”“红学”，彰显了南京独特的文学底蕴。2019 年 10 月 31 日，南京被评为世界“文学之都”，堪称对这座城市文学成就和贡献的最好注脚。

“文学之都”LOGO

在城市规划和陵墓设计上，南京也是屡屡成为被模仿的对象。南齐时期，北魏孝文帝派遣将作大匠蒋少游作为副使来到建康，实地考察建康城，最终“图画而归”[①]。北魏代京（平城，今大同）太极殿和洛阳的宫殿就是模仿建康宫殿而建。明代的南京皇宫（明故宫）是明清两代北京紫禁城的蓝本，明孝陵是明清皇家陵寝的范本。民国

①《南史》卷 47《崔祖思传附子崔元祖传》，中华书局 1975 年版，第 1173 页。

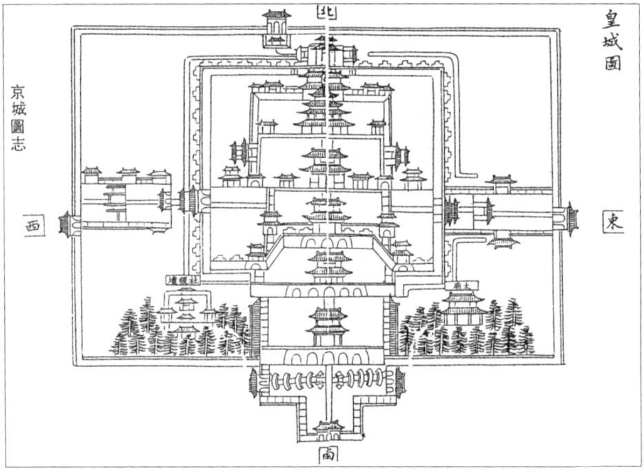

皇城图（《洪武京城图志》）

南京是我国第一个按照国际标准，采用综合分区规划的城市。

第二节　海纳百川的博大胸襟

南京不仅是中国长江流域唯一的大一统王朝的都城，也是名副其实的五方杂处的“移民城市”。

南京在历史上经历过多次人口迁徙。第一次是西晋末年，八王之乱、五胡乱华、十六国纷争，迫使中州士女衣冠南渡；第二次是唐朝安史之乱和黄巢起义，造成中原和江淮之间的居民大规模南迁。第三次是靖康之难，金兵南下，北宋覆亡，北方民众纷纷向南逃难。第四次是明朝初年，朱元璋将南京人口外迁边陲，同时迁江浙人口充实南京。第五次是太平天国占领南京前后，南京人口迁徙频繁。第六次是民国年间，辛亥江宁光复、二次革命、国民政府定都南京、日军攻占南京和国民政府还都前后，大量人口定居、迁徙、流亡……千百年来，在一次又一次移民浪潮的涤荡下，不同文化在南京交融、碰撞、激荡，形成了海纳百川、博爱包容的南京文化。

在南京这块钟灵毓秀的沃土上，群星闪烁，英才辈出，各领风骚。开国领袖孙权、司马睿、刘裕、萧衍、萧道成、陈霸先、朱元璋、洪秀全、孙中山在南京建功立业，创立十朝政权；高僧大德支谦、康僧会、葛玄、葛洪、法显、陆修静、僧祐、陶弘景、法融、文益、宗泐、杨仁山、太虚、达浦生、丁光训在南京开宗立派，弘扬佛教、道教、伊斯兰教和基督教；诗家词宗谢朓、鲍照、李白、刘禹锡、杜牧、韦庄、李煜、王安石、李清照、辛弃疾、萨都剌、高启、陈铎、纳兰性德、袁枚、卢前、唐圭璋的诗词作品光耀古今；文坛巨匠萧统、刘勰、汤显祖、李渔、孔尚任、吴敬梓、曹雪芹、朱自清、张恨水文学巨著传承千秋；书法巨擘皇象、王羲之、王献之、颜真卿、高二适、林散之、萧娴笔走龙蛇；画坛巨星顾恺之、陆探微、张僧繇、顾闳中、董源、卫贤、巨然、髡残、石涛、程正揆、龚贤、徐悲鸿、傅抱石墨著乾坤；史志名流范晔、沈约、萧子显、裴松之、许嵩、周应合、张铉、解缙、焦竑、姚鼐、陈作霖、胡小石厚积勃发；科坛巨子祖冲之、王贞仪、吕彦直、竺可桢、张钰哲、杨廷宝推陈出新；外交家郑和、洪保、巩珍扬帆远航；教育家李瑞清、陈鹤琴、陶行知、吴贻芳桃李满园。此外，名姬佳丽桃叶、杜秋娘、窅娘、李香君、柳如是、傅善祥等个个充满传奇色彩。

同样，外国的使节、留学生、传教士、学者、军官、商人等来到南京，往往都会被这座城市所吸引，在这座城市流连忘返，创作出丰富多彩的作品。唐朝时期，朝鲜半岛留学生崔致远参加科举考试中举后，在担任溧水县尉期间，创作了长篇叙事诗《双女坟》（又名《仙女红袋》）。回国后，成为朝鲜半岛的文坛领袖。晚清时期，耶稣会传教士、法国人方殿华（原名路易斯·盖拉蒂，Louis Gallard）曾经在石鼓路天主教堂布道，1898年他绘制出版南京历史上第一张坐标地图《江宁府城图》，他撰写的《南京古今》《史地概述》是目前所见近代西方人对南京最富有成就的研究专著。[1]民国年间，美国作家赛珍珠（Pearl Sydenstricker Buck）因在南京完成成名

方殿华

赛珍珠

① 邓攀：《近代西方南京研究的拓荒者——记清末法国传教士方殿华》，载曹劲松、卢海鸣主编《南京学研究（第三辑）》，南京出版社2021年版，第213—223页

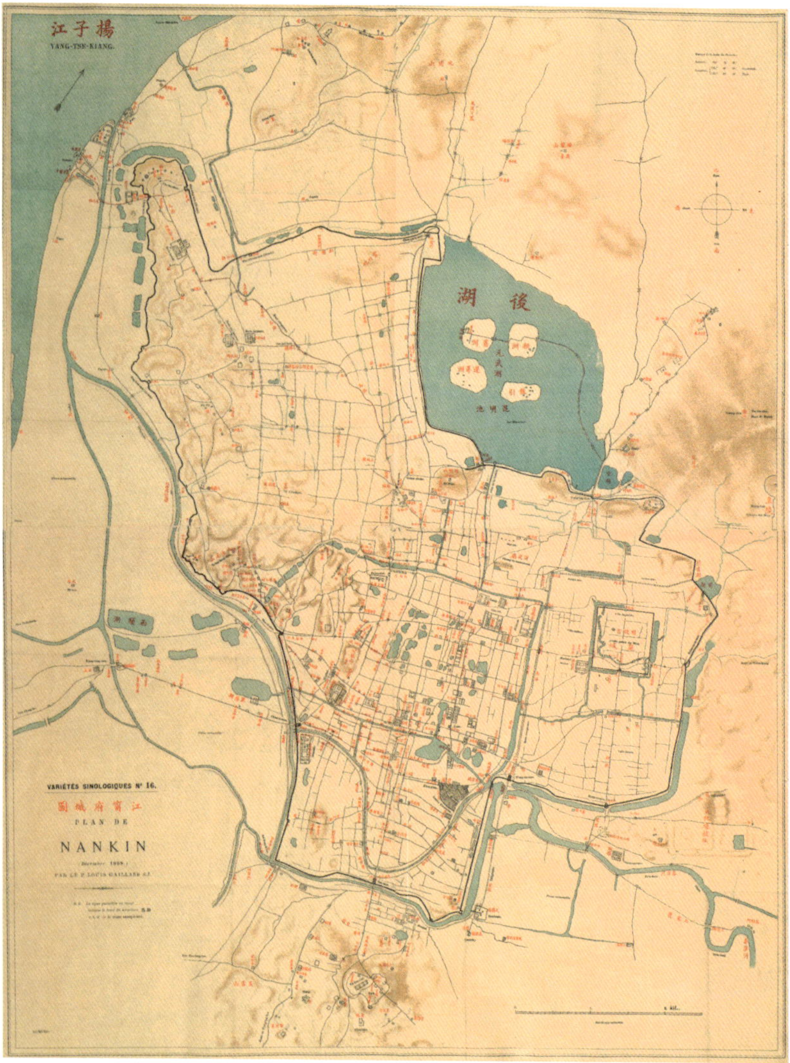

法国人方殿华绘制的《江宁府城图》（澳大利亚图书馆藏）

作《大地》而获得诺贝尔文学奖。此后，她在南京又创作出《儿子们》《分家》等多部重要作品，奠定了她在世界文学史上的不朽地位。

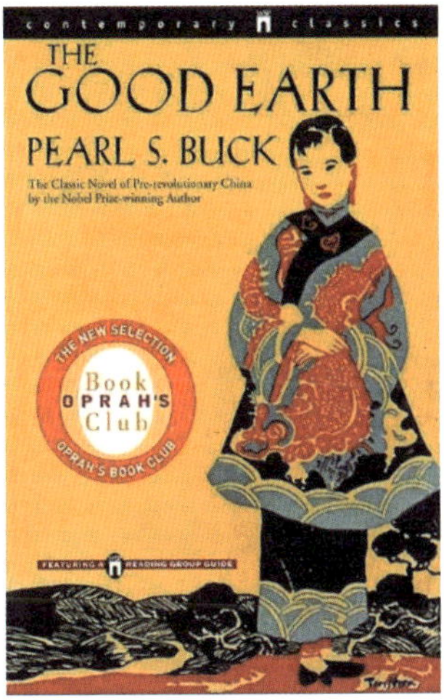

《大地》英文版封面书影

第三节　忍辱负重的坚韧品格

自古至今，南京与中国的命运紧密相连。纵观中国历史，南京无论是在定都的450年，还是在“非都”的2000余年期间，在中华民族生死存亡的危急关头，每每首当其冲，忍辱负重，挺身而出，成为中华文明的避难所和受难地，荷载起救亡图存、浴火重生的重任，从而使中华文明绵延不绝。[①] 南京以其自身扮演的独特角色，为中华民族

---

① 叶皓著：《重读南京》，南京出版社2011年版，第73页。

陈后主陈叔宝

谱写了辉煌壮丽的篇章。德国哲学家黑格尔称："只有黄河、长江流过的那个中华帝国是世界上唯一持久的国家，征服无从影响这样一个帝国。"[①] 在四大文明古国中，中华文明能够成为唯一没有间断的文明，南京功不可没。

南京具有超乎寻常的坚韧品格，可谓屡挫屡兴。据学者统计，历史上（截止到1600年），发生过30次及以上战斗的地方都是国都与战略性城市：南京发生的战事有106次，居全国所有城市第一位，遥遥领先于第二位洛阳（70次）、第三位长安（52次）和第四位寿州（42次）。[②] 清朝至民国，南京至少又经历过12次攻防战，包括郑

① ［德］黑格尔著，王造时译：《历史哲学》，上海书店出版社1999年版，第122页。

② ［英］魏根深著，侯旭东主持翻译：《中国历史研究手册》，北京大学出版社2016年版，第483页。

成功兵败江宁、英军攻打南京、太平军攻占江宁城、太平军保卫天京、天京陷落、同盟会江浙联军攻克南京、江苏讨袁军南京保卫战、北伐军光复南京、龙潭战役、国民政府南京保卫战、新四军南京周边的抗日活动、人民解放军解放南京。①

公元280年，吴后主孙皓“一片降幡出石头”，孙吴政权亡于西晋之手。此后在不到40年的时间里，公元317年东晋王朝在此崛起，开启了辉煌灿烂的东晋南朝文化序幕。公元589年隋朝灭陈，将建康城夷为平地，陈后主陈叔宝被俘往长安。经过约350年的韬光养晦，公元937年，在六朝古都旧址上崛起了南唐政权，创造了令人瞩目的南唐文化。公元976年，在宋太祖“卧榻之侧，岂容他人鼾睡”的警告声中，苟延残喘的南唐政权亡于北宋，李后主李煜亡国受辱。经过近400年的积累，1368年，明王朝在这里以大一统王朝的面貌傲然兴起，屹立于世界的东方，创造了中

① 王洪光著:《南京之战》，江苏人民出版社2014年版，第514—895页。

外闻名的大明文化。

南京的坚韧品格在我国近代史中更是得到淋漓尽致的展示。1840 年鸦片战争爆发以来，南京作为东南地区乃至全国政治、经济、军事、文化中心，多次处在历史的风口浪尖，经历了外敌的入侵和内战的困扰，饱受战火的蹂躏，抢劫、强奸、屠城、废墟乃至城下之盟在这座城市频繁上演。第一次是 1842 年。英国舰队抵达南京下关江面，兵临南京城下，清政府在英军坚船利炮的威胁下，被迫与英方签订了丧权辱国的中英《南京条约》，中国开始沦为半殖民地半封建社会。第二次是 1853—1864 年太平天国政权定都天京（今南京）期间。1853 年，太平军攻入江宁（今南京），大肆屠杀清军和满人；1856 年，天京事变爆发，太平军近 10 万人死于内讧；1864 年，曾国藩之弟曾国荃率领湘军攻入天京后，杀害太平军将士及平民达数十万人。清军和太平军持续十余年的拉锯战，将昔日繁华的南京城变为“废都”，明故宫、明孝陵、天王府、大报恩寺琉璃塔等遭到严重毁坏。第三次是 1913 年 7 月“二次革命”爆发后，黄兴被推为江苏讨袁军总司令，在南京宣布讨伐袁世凯。冯国璋与张勋率领北洋军队于9月攻入南京城，烧杀淫掠，无恶不作，南京商民家破人亡者不计其数，许多妇女被奸淫后投秦淮河自杀。第四次是1937年12月13日，侵华日军占领南京后，进行了长达六周的大屠杀，制造了惨绝人寰的南京大屠杀事件，30万无辜同胞被日军杀害。当代作家余秋雨《五城记》写道：“历代古都多得很，哪像南京，直到现代还一会儿被外寇血洗全城，一会儿在炮火中作历史性永诀，一次次搞得地覆天翻？”①

THE ILLUSTRATED LONDON NEWS
SATURDAY, JANUARY 15, 1938.
THE ROAD TO VICTORY!—THE SHAMBLES OUTSIDE ONE OF NANKING'S SOUTHERN GATES AFTER THE JAPANESE HAD OCCUPIED THE CITY.

中华门外南京大屠杀场景（1938年1月15日《伦敦新闻画报》）

---

① 余秋雨：《五城记》，载余秋雨著《文化苦旅》，知识出版社1992年版，第163—164页。

被日军毁坏的挹江门城楼

江南水泥厂内的难民

孙中山创建民国
（上海商务印书馆印制的中华民国成立明信片）

南京在中国历史上多次遭受战火的蹂躏，但在经历过战火洗礼后，创造了一个又一个辉煌和奇迹，变得更加强大和令人尊敬。1912 年 1 月 1 日孙中山先生在南京就任临时大总统，建立中华民国，推翻 2000 多年的封建帝制。1945 年 9 月 9 日上午 9 时，中国战区日本投降签字典礼在南京黄埔路中国陆军总司令部大礼堂举行，这是历史上外来侵略者在中国大地上与中国政府签订的第

1945 年 9 月 9 日，日军总参谋长小林浅三郎（右）向何应钦呈递降书

解放南京（《哈尔滨日报》号外，吴先斌收藏）

一个也是唯一一个无条件投降书。1949 年 4 月 23 日中国人民解放军占领南京，红旗插上总统府门楼，标志着蒋家王朝在大陆统治的终结以及新中国即将诞生，中国的历史从此翻开了新的篇章。

诚如著名文史学家朱偰《金陵古迹图考》所言：“长

1949 年 4 月 25 日，毛泽东在北平双清别墅阅读南京解放报道（徐肖冰摄）

安、洛阳、金陵、北京，此四都之中，文学之昌盛，人物之俊彦，山川之灵秀，气象之宏伟，以及与民族患难相共、休戚相关之密切，尤以金陵为最。”

第四节　崇文尚读的优良传统

文运与国运相牵，文脉同国脉相连。数千年来，一代又一代南京儿女，崇尚传统文化，注重阅读经典，在成就自身人生和事业辉煌的同时，为延续中华文脉、传承文化基因作出了不可磨灭的贡献。

南京素有“天下文枢”之美誉，拥有厚重的文化底蕴和书香文脉。南京人历来崇文尚读，在历史上，涌现了许许多多著名的读书人、写书人、藏书人、出版人，留下了众多与崇文尚读有关的名胜古迹和文化典籍。

读书方面，南京曾经有众多名人读书遗址和遗迹，如溧水境内纪念东汉文学家蔡邕的“伯喈读书台”；中华门外越城之西纪念西晋文学家陆机、陆云的“二陆读书台”；老城南赤石矶侧老虎头纪念晋朝大将周处的“子隐堂”（又称“周孝侯读书台”）；朝天宫纪念晋朝隐士郭文举的“郭文举书台”；紫金山北高峰纪念昭明太子的太子岩（又名“昭明太子读书台”）；江宁湖熟纪念梁代昭明太子的“东湖读书台”；溧水无想山纪念南唐名臣韩熙载的“韩熙载读书台”；钟山定林寺纪念北宋改革家王安石的“王荆公书堂”（又名“昭文斋”）等。

著书方面，历代文人在南京留下的著述种类繁多，其中许多作品都是中华优秀传统文化的代表作和开山之作。如六朝葛洪《抱朴子》、僧祐《弘明集》、法显《佛国记》、刘义庆《世说新语》、萧统《昭明文选》、刘勰《文心雕龙》、沈约《宋书》、萧子显《南齐书》、钟嵘《诗品》、谢赫《画品》，唐代许嵩《建康实录》，宋代周应合《景定建康志》、张敦颐《六朝事迹编类》，元代张铉《至正金陵新志》，明代礼部《洪武京城图志》、解缙等《永乐大典》、茅元仪《武备志》、顾起元《客座赘语》、胡正言《十竹斋书画谱》，清代吴敬梓《儒林外史》、曹雪芹《红楼梦》、袁枚《随园诗话》、陈作霖《金陵琐志五种》，民国王焕镳《首都志》、谭嗣同《仁

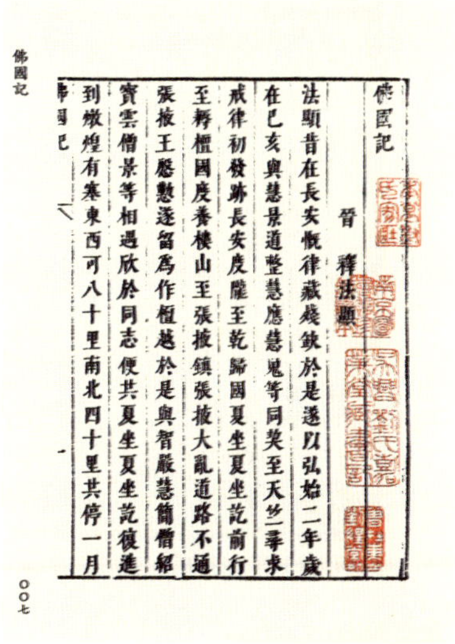

佛國記

晉 釋法顯

法顯昔在長安慨律藏殘缺於是遂以弘始二年歲在已亥與慧景道整慧應慧嵬等同契至天竺尋求戒律初發跡長安度隴至乾歸國夏坐夏坐訖前行至耨檀國度養樓山至張掖鎮張掖大亂道路不通張掖王慇懃遂留為作檀越於是與智嚴慧簡僧紹寶雲僧景等相遇欣於同志便共夏坐夏坐訖復進到燉煌有塞東西可八十里南北四十里共停一月

佛國記

〇〇七

法显《佛国记》书影

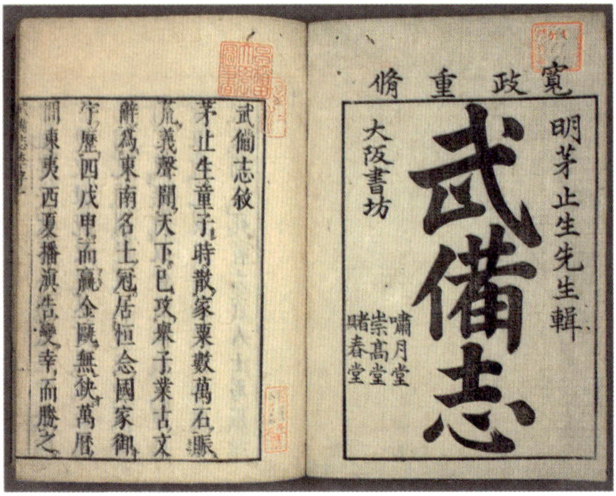

茅元仪《武备志》书影

学》、唐圭璋《全宋词》等等。

藏书方面，自六朝以来绵延不绝。如，梁朝任昉，“家虽贫，聚书至万余卷，率多异本”[①]，许多作品为官方所为收藏。南唐徐锴在藏书方面贡献尤著，史称“江南藏书之盛，为天下冠，锴力居多”[②]。据徐雁、谭华军所著《南京的书香》

①《梁书》卷14《任昉传》，中华书局1973年版，第254页。

②［宋］陆游著：《南唐书》卷2《徐锴传》，南京出版社2010年版，第249页。

一书考证，明代焦竑澹园、顾璘息园、盛时泰苍润轩、姚汝循锦石山斋、茅元仪寤园、顾起元遯园、丁雄飞心太平庵均收藏有大量的典籍。清代南京的藏书家和藏书楼更是争芳斗艳，如黄虞稷的千顷堂（又称“千顷斋”）藏书达8万多卷；袁枚的随园“所好轩”和“书仓”中，藏书有30万卷；熊赐履“下学堂”、朱绪曾“开有益斋”、甘熙家族“津逮楼”，藏书均超过10万卷；严长明“归求草堂”、周亮工的“赖古堂”、曹雪芹祖父曹寅的“楝亭”、孙星衍自筑的祠堂（又名“孙祠书目”）、汪士铎的“砖丘室”等，藏书也颇为丰富。此外，民国陈群泽存书库，不仅藏书丰富，而且收藏有

焦竑

泽存书库（20世纪40年代）

南京中医药大学内的李时珍雕像

《本草纲目》书影

大量的珍贵文献典籍。

刻书方面，自明代开始，南京成为我国出版业的中心之一。史称：“吴会、金陵，擅名文献，刻本至多，巨帙类书，咸荟萃焉。……今海内书，凡聚之地有四：燕市也，金陵也，阊阖也，临安也。”①明朝胡正言的十竹斋，采用饾版、拱花等多种印刷技术，使中国古代的版画艺术和印刷技巧达到前所未有的高度，现存的《十竹斋书画谱》《十竹斋笺谱》是我国历史上彩色印刷及版画艺术的经典作品。明代李时珍《本草纲目》，吴承恩《西

① [明]胡应麟著:《少室山房笔丛》甲部《经籍会通四》，上海书店出版社 2001 年版，第 42 页。

游记》，冯梦龙《警世通言》，王圻、王思义父子编撰的《三才图会》等均初刻于南京。清代李渔的芥子园刊刻了许多文献典籍，其中《芥子园画谱》堪称初学绘画者的宝典。清代杨仁山的创办的金陵刻经处，广泛搜罗海内外佛教典籍，并将其付梓刊行，为我国佛教的中兴作出了杰出贡献，至今仍在发挥着重要的作用。

《警世通言》书影

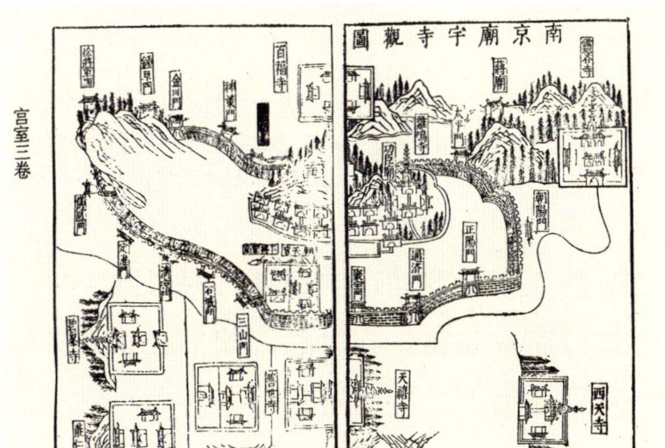

王圻、王思义《三才图会》插图

第五节　开放进取的全球视野

文明因交流而多彩，文明因互鉴而丰富。南京在历史上对外交流互鉴频繁，显示了与众不同的开放进取精神和全球视野，其鼎盛期当属于六朝、明代和晚清民国时期。

魏晋南北朝时期，南北对峙，以建康为中心的六朝政权陆上对外交往路线受到限制，只有向海上拓展。六朝都城建康与国外的交流比秦朝咸阳、汉朝长安均有很大的发展。东亚的高句丽、百济和新罗（今朝鲜半岛）以及倭国（今日本），东南亚的林邑（今越南中部）、扶南（今柬埔寨），南亚的五天竺(包括笈多王朝,今印度)、师子国(今斯里兰卡），西亚的波斯（萨珊王朝，今伊朗），中亚的大月氏（贵霜王朝）和昭武九姓诸国，以及西方的大秦（罗马帝国和拜占庭帝国）等等，都通过海路或陆路与当时的六朝都城建康进行交流。建康成为当时我国对外交流的中心之一。交流的内容涉及政治、经济、文化等各个方面。就国外到访的人员来看，有王侯、官员、商贾、僧侣、

玻璃杯（南京象山7号墓出土，东晋）东罗马帝国时期的产品

玻璃碗（东晋高悝墓出土），来自东罗马或波斯萨珊王朝

留学生等；就出去的人员来看，有官员、学者、商贾、僧侣、工匠、画师等。

六朝的第一个政权孙吴充分利用临江傍海的地理优势，加强同海外交流。当时北起朝鲜半岛，南到南洋诸国，都有孙吴使臣和商人活动的身影。孙权派遣宣化从事朱应、中郎康泰等人出使南海诸国，到达林邑（今越南中部）、扶南（今柬埔寨）、南洋群岛等地。回国后，朱应著《扶南异物志》，康泰著《吴时外国传》，详细记载了这些国家和地区的历史地理和风土物产。这一时期，海外的使节、商贾、僧侣等也往来不断。赤乌六年（243），扶南王遣使至建业（今南京），“献乐人及方物”，孙权专门在皇宫附近建造了一座“扶南乐署”，供“乐人”居住以教“宫人”[①]。中亚、印度、大秦等地的僧人、商人，也从海道来到中国，转道至建业。大月氏人支谦从陆路经由武昌到达吴都建业，翻译了大量佛教典籍；康居国僧人康僧会从交趾（今越南）经过广州到达吴都建业，孙权为其建造的建初寺，成为江南第一寺。黄武五年（226），大秦商人秦论远涉重洋，到达交趾（今越南），经武昌到建业。

东晋南朝时期，对外交往进一步扩大。一方面，高僧法显西行求法。他于399年从长安出发，到印度巡礼佛教胜迹，广罗佛典，经过30多个国家，后来泛海至师子国（今斯里兰卡），停留两年后，随商船回国，在东晋义熙九年（413）到达都城建

①［宋］张敦颐著：《六朝事迹编类》卷7《宅舍门·扶南乐署》，南京出版社2007年版，第90页。

康，住进秦淮河畔的道场寺（今1865文化创意产业园），与出生于北印度迦毗罗卫国（今尼泊尔）高僧佛驮跋陀罗在道场寺共同译出《摩诃僧祇律》《方等泥洹经》《杂阿毗昙心》等。法显还在道场寺撰写了《佛国记》，这部书不仅是了解当时沿途佛教的珍贵文献，也是研究当时历史地理和文化状况的珍贵文献。佛驮跋陀罗从海路到达后秦长安，然后南下庐山，经江陵到达建康，在道场寺翻译出的六十卷《华严经》，是华严宗据以立宗的重要经典。大乘佛教有三部公认的“经王”，分别是《华严经》《法华经》和《楞严经》。其中被推崇备至的正是《华严经》，被称为“王中之王”。另一方面，外国使节不绝于途。当时，秦淮河中“贡使商旅，方舟万计”。刘宋时期，倭国国王讃遣使来建康，请回具有熟练技术的纺织、缝纫等技工。梁朝时期，朝鲜半岛的高句丽、百济等国频繁遣使来到建康，贡献方物，并请求赐给《涅槃》等经义，以及派遣毛诗博士、工匠、画师等前往百济，梁武帝答应了百济国的请求。

萧绎《职贡图》（局部）

吴郡人陆诩曾被派往百济讲学。[1] 遥远的拜占庭帝国于东晋穆帝至哀帝兴宁元年（345—363）遣使到建康。波斯帝国于梁中大通二年（530）“始通江左，遣使献佛牙”[2]，此后又多次继遣使来献方物。梁朝萧绎的《职贡图》真实地再现了当年波斯、倭国、百济等国使臣云集建康的盛况。

明代的南京是一个国际化的大城市，对外交流达到新的高峰。朱元璋一反元朝的四出用兵政

①《梁书》卷 54《诸夷传》，中华书局 1973 年版，第 805 页。

②《南史》卷 79《夷貊传下》，中华书局 1975 年版，第 1986 页。

策，采取对外睦邻友好政策。洪武元年（1368）十二月，首先派使臣出使高丽和安南，由此拉开了明朝对外交往的序幕。

据统计，在洪武朝的31年间，明朝政府先后30次派使节对周边12个国家进行访问，有17个国家的使节先后135次访问中国；永乐年间，有60个国家的使节先后245次访问中国。①朱元璋还将对外睦邻政策写入他主持编写的《皇明祖训》中。在对外交往过程中，朱元璋几乎无一例外地都要将明朝新制定的历法——《大统历》赐给对方，以此传播中华文化，展示明王朝的大国形象。

明朝的对外睦邻友好政策取得了积极的反响，周边诸国不断遣使朝贡。据《明太祖实录》卷47记载："洪武初，海外诸番与中国往来，使臣不断。"

在洪武、永乐和宣德朝，一些国家的国王也纷纷前来南京访问，如浡泥（今文莱）、满剌加

---

① 王天有、高寿仙著：《明史：多重性格的时代》，中信出版社2017年版，第81—92页。

浡泥国王墓

（今马来西亚马六甲）国王等。明永乐六年（1408）秋八月，浡泥国王麻那惹加纳乃偕其妻、子、弟、妹、亲戚和陪臣共150余人远涉重洋，前来中国进行友好访问，在南京受到明永乐皇帝朱棣隆重的接待。同年十月，国王忽染疾病，经太医会诊抢救无效，病故于会同馆，年仅28岁。去世前，留下遗言，希望"体魄托葬中华"。明成祖朱棣满足其遗愿，以王侯之礼将他厚葬于南京城南的石子岗，谥恭顺王，并派人世代守墓，由此留下一段中文两国人民友好交往的动人故事。

明永乐九年（1411），满剌加国王拜里迷苏剌率其妻子及陪臣540余人来访，来京朝见的当天就受到永乐帝的亲自设宴款待，而且赏赐极丰。此后，满剌加国王多次来南京访问，成为中外关系史上的一件盛事。与此同时，日本、高丽（今朝鲜半岛）、琉球（今日本冲绳）、暹罗（今泰国）等国，纷纷派遣留学生到南京国子监学习。明代南京对周边国家和地区的影响力既深且远。在相当长一段时间内，“南京”在日本成了“中国”的代名词，“南京町”也成为“中华街”的代名词。①

清代早中期，日本画中的南京人是中国人的代名词（吴先斌收藏）

① 秦岚：《一座城市的影子——前近代日本有关南京的记忆与想象》，《文史知识》2014年第5期、第6期。

南京马府街郑和广场中的郑和雕像

明朝对外交流的巅峰当属郑和下西洋。明朝初年，为发展海上经济贸易，增进国与国之间的友好交往，展示大明国际形象（一说是为了寻找失踪的建文帝），在1405—1433年的前后28年间，著名航海家、外交家郑和奉明成祖朱棣之命，七下西洋。他率领大明皇朝的200多艘帆船航行在西太平洋和印度洋海域上，最远到达西亚和非洲东海岸，前后途经30多个国家和地区。他的航行比哥伦布发现美洲大陆早87年，比达·伽马早92年，比麦哲伦早114年。他开辟了贯通太平洋西部与印度洋等大洋的直达航线，是人类航海史上的最伟大壮举之一。跟随郑和船队下西洋的随行人员马欢著有《瀛涯胜览》、费信著有《星槎胜览》、巩珍著有《西洋番国志》，分别记载了航海途经国家和地区的历史、地理、人物、宗教、风俗、物产状况，扩大了人们的视野。郑和下西洋，还留下了《自宝船厂开船从龙江关出水直抵外国诸番图》（简称《郑和航海图》），收录在茅元仪的《武备志》中，是世界上现存最早的航海图集。而意大利天主教会传教士利玛窦在万历年间三次来南京，不仅在南京建造了第一座天主教堂，传播天主教，而且还带来了西方的科技文化，如

郑和下西洋航海图（《古今对照郑和航海图》）

《武备志》中保存下来的“郑和航海图”局部

（宝船厂至龙潭）

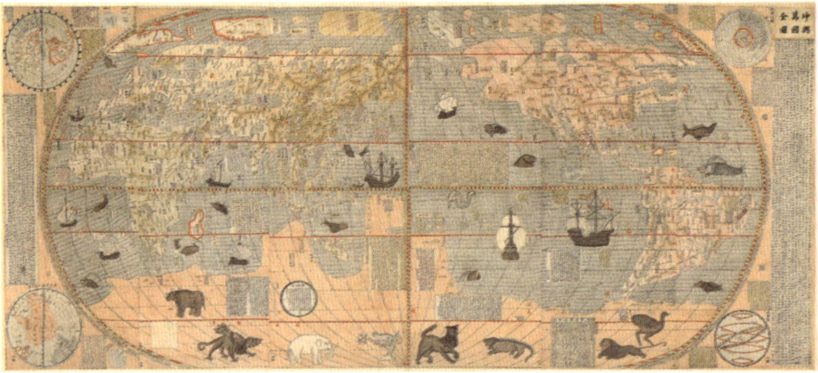

利玛窦绘《坤舆万国全图》（李民昌提供））

自鸣钟、《坤舆万国全图》等。

清朝中英鸦片战争后，随着 1842 年《南京条约》的签订，中国被迫对外开放。目睹清廷的腐败落后和西方先进的科技文化，有“睁眼看世界”第一人之称的魏源在其所著《海国图志》里在首次提出“师夷长技以制夷”的思想，而洋务派代表人物之一张之洞则提出了“中学为体，西学为用”的主张，西学东渐成为一股不可阻挡的潮流。1899 年，南京开埠后，西方文化蜂拥而入，深深地影响到南京这座古老的城市。

魏源

《海国图志》书影

洋务运动期间，南京先后建立了金陵机器制造局、江南水师学堂、江南陆师学堂、矿路学堂等。西方教会在南京先后兴办了石鼓路天主堂、金陵大学堂、金陵女子大学、明德书院、汇文书院、基督医院等。

民国南京的中外文化交流，更多地体现在对外来文化的吸收。以建筑为例，国立中央研究院、国立中央博物院筹备处、紫金山天文台、北极阁气象研究所、中山陵、国立中央大学、中央医院、中央商场、中央饭店、中央体育场等，无论是建筑形式还是使用功能，都深深受到西方文化的影响，展示了开放进取的全球视野。

第六节　舍生取义的家国情怀

家是最小国，国是千万家。“家国情怀”是一个人发自内心的质朴情感，是对家庭、国家的全面认同、衷心维护和深沉热爱。

往事越千年。在古都南京文化中，流淌着舍生取义的伟大基因。东晋大将卞壶父子三人忠心报国，为平定苏峻之乱同时慷慨捐躯，其事迹令人为之动容，朝天宫下壸墓碣千百年来完好保存至今就是最好的纪念。南宋抗金名将杨邦乂在建康城失守后被俘，面对金人的威逼利诱，发出了“宁做宋朝鬼，不做异邦臣”的吼声，最后被金人剖腹取心，南京“铁心桥”地名和雨花台杨邦乂剖心处碑承载了这段可歌可泣的故事。抗元英雄文天祥兵败被俘，羁押金陵驿期间，写下了“从今却别江南路，化作杜鹃啼血归”的诗词，表达

杨邦乂剖心处碑

了视死如归的冲天豪情。在金陵驿旧址上建立的文天祥诗碑表达了南京人民对文天祥的崇敬之情。

文天祥（《历代名人绣像选》）

明朝文臣方孝孺宁可株连十族，亦不愿为发动“靖难之役”夺取政权的燕王朱棣起草即位诏书，南京的正学路和方孝孺墓铭记了他为了信仰舍身殉道的事迹。

南京雨花台方孝孺墓

出生于南京门西万竹园的民族英雄邓廷桢在鸦片战争中力主禁烟，与林则徐并肩作战，同甘共苦，最后魂归故里，其墓地成为世人瞻仰的重地。民国驻外使节九烈士——杨光泩、莫介恩、朱少屏、姚竹修、杨庆寿、卢秉枢、萧东明、王恭玮和卓还来，面对日军的酷刑，视死如归，不辱使命，维护了民族尊严，名传千秋。

南京灵山邓廷桢墓

1919 年五四运动爆发后，至 1949 年新中国成立前，南京长期是国民党政权的中枢所在地，也是中国共产党人和

南京菊花台驻外使节九烈士墓

先进分子与敌斗争的龙潭虎穴。在伟大的中国人民解放事业中，无数仁人志士为了实现共产主义理想，为了国家独立、民族解放和民主自由，英勇斗争，在南京献出了宝贵的生命，谱写了中国革命史上的英雄篇章。雨花英烈堪称南京文化中舍生取义的杰出代表。2014 年 12 月习近平总书记在视察江苏时指出："在雨花台留下姓名的烈士就有 1519 名。他们的事迹展示了共产党人的崇高理想信念、高尚道德情操、为民牺牲的大无畏精神。"雨花英烈留下的诗词、日记以及相关小说和回忆材料等，是中国共产党人和先进分子心路历程的真实记录，至今闪烁着人性的光辉和真理的光芒。

1925 年 5 月 30 日，英、日帝国主义国家在上海制造了震惊中外的"五卅"惨案。消息传到南京，南京人民群情激愤，抵制英国风潮勃发。在中共南京党、团组织的发动下，6 月 5 日，和记洋行工人宣布："自今日起，全体罢工，为被害同胞后援。"一场声势浩大的罢工斗争就此拉开序幕。大罢工前后历时 42 天，终于获得胜利。和记洋行工人的罢工斗争，在南京人民革命史上写下了光辉的一页。当代著名文学家巴金当年作为东南大学附属中学（今南京师范大学附属中学）的学生，与同学胡风等人一起走上街头，参加了对和记洋行工人罢工斗争的声援活动。1927 年，巴金以和记洋行工人的罢工斗争为主题，撰写了《死去的太阳》一书，再现了无产阶级不畏强暴、敢于抗争的家国情怀。

1930 年，中共早期重要领导人，著名的政治活动家、理论家、青年运动领袖恽代英在上海进行革命活动时不幸被捕，被押解到南京。当他的身份暴露后，蒋介石闻讯，特意让表弟王震南带了一张恽代英在黄埔军校时期的照片前来劝降。恽代英回答道：“我是共产党员，必须革国民党反动派的

恽代英雕像
（位于原中央军人监狱内）

命。这就是我现在的庄严任务。”他在狱中写下了令人荡气回肠的诗篇：“浪迹江湖忆旧游，故人生死各千秋。已摈忧患寻常事，留得豪情作楚囚。”1931 年英勇牺牲在监狱刑场。

1933 年 5 月，中国共产党早期重要领导人，中国工人运动的杰出领袖，无产阶级革命家、理论家邓中夏在上海不幸被俘后，被押解到南京。面对敌人的威逼利诱，他毫不动摇，在狱中慷慨

1923—1924 年 3 月，中国社会主义青年团在上海召开第二次中央扩大执行委员会会议，这是部分与会者的合影。前排右起：1 邓中夏 2 夏明翰 3 陆沉 4 阮啸仙 5 卜道明；后排右起：2 恽代英 5 刘仁静

陈词："即使把我邓中夏烧成灰，我也是共产党的人！"表达了伟大革命家坚贞不屈的信念，1933年9月21日，他在南京雨花台刑场被杀害。

中共北平地下情报组织成员赵良璋于1946年加入中国共产党，秘密潜伏于国民党空军部队，为中国共产党输送了大量军事情报，1947年10月由于北平地下情报系统遭破坏，不幸身陷囹圄，被秘密押到南京，1948年10月19日牺牲于南京中央军人监狱。临上刑场前，他脱下皮夹克送给难友，写下绝笔——"人生无不散的筵席，我是带着勇敢和信心就义。我虽倒了，但顽强的性格仍使我精神永不灭亡"，表达了视死如归的英雄气概。

据统计，雨花英烈牺牲时的平均年龄不到30岁，年龄最小的袁咨桐烈士牺牲时年仅16岁；他们中很多人受过高等教育，还有部分留学海外，可以说是社会的精英阶层。[①] 他们在长期的理论学

---

① 王跃：《雨花英烈精神的时代价值》，《群众》2016年第7期。

雨花台烈士就义群雕

习和残酷的实践斗争中，建立了坚定的马克思主义信仰和共产主义信念。正是雨花英烈们用自己坚定的革命信仰和慷慨赴死的实际行动捍卫了革命理想，用自己的鲜血和生命铺就了新中国成立的道路。雨花英烈的革命精神将永远激励人们为实现共产主义的崇高理想和中华民族伟大复兴的“中国梦”而奋斗。

综而观之，文化是南京这座城市的底色和灵

魂。“南京文化”作为中华文化的一个重要组成部分，它不仅有别于“京派”文化的古典和“海派”文化的浪漫，[1]也有别于长安文化的雄浑、广府文化（或称岭南文化）的务实和天府文化的乐观。它在中国历史螺旋式上升、波浪式前进的过程中，逐步形成了上述既具有地域特色又富有时代特点的六大特质，这正是“南京文化”的精髓之所在，也是“南京文化”在多元一体的中华文化之林中独具魅力之源泉。

①[民国]曹聚仁：《京派与海派》，载曹聚仁著《笔端》，天马书店1935年版，第185页。

后记

这部作品的诞生，离不开两位良师益友。

一位是南京市社科联原主席、市社科院原院长叶南客先生。早在 2019 年，承蒙他厚爱，邀约我撰写江苏文脉丛书之《江苏地方文化史·南京卷》“绪论”，当时我因工作繁忙，加上畏难、慵懒等情绪和心理，婉言谢绝了。但是，在我的心里却埋下了这颗种子。

另一位是现任南京市社科联主席、市社科院院长曹劲松先生。2020 年 10 月，他再次邀请我撰写江苏文脉丛书之《江苏地方文化史 · 南京卷》“绪论”，我依然是推辞。但经不住他的一再邀约，我最终答应了。

接下任务前，我就知道困难重重，因为关于南京文化史至今没有一部专门的作品出版，一切都要从头开始。尽管我从事南京地方史研究 30 余年，有过一些著述，但是，对我来说，要全面、系统、客观地撰写“绪论”，无疑是一个很大的挑战。

接下任务后，我利用节假日、晚上业余时间和外出开会、培训等一切空闲时间，断断续续地搜集资料和撰写。开始阶段很辛苦，随着研究的深入，我切身体会到了国学大师王国维先生所说的治学“三个境界”，品尝到了苦尽甘来的滋味。对我来说，原来的巨大挑战竟然变成了一个难得的机遇！专家学者们关于南京历史文化的大量著述，为我撰写“绪论”提供了丰富的养分。经过一年多时间的辛勤耕耘，我顺利完成了“绪论”的撰写，经过不断地修改完善，形成了大家所见到的这部书稿。

为了增加本书的可读性和趣味性，本书精选了 200 余幅图片，除一小部分为友朋提供外，其他均为本人实地拍摄或从文献典籍中翻拍。

衷心感谢叶南客、曹劲松两位先生真诚的提携和信任；感谢南京市文化和旅游局颜一平先生、南京市教研室袁廷虎先生认真的审稿和把关；感谢南京市社科联（院），将本书纳入“南京小史丛书”的收官之作“南京地方文化专辑”之中。